赵桂海 赵骞 著

围棋围什么

WEIQI WEISHENME

经济管理出版社 · 棋书中心

图书在版编目（CIP）数据

围棋，围什么？／赵桂海，赵骞著 . —北京：经济管理出版社，2015.2

ISBN 978-7-5096-3022-8

Ⅰ.①围… Ⅱ.①赵… ②赵… Ⅲ.①围棋-基本知识 Ⅳ.①G891.3

中国版本图书馆 CIP 数据核字（2014）第 066333 号

组稿编辑：史思旋
责任编辑：郝光明　史思旋
责任印制：黄章平
责任校对：张　青

出版发行：经济管理出版社
　　　　　（北京市海淀区北蜂窝 8 号中雅大厦 A 座 11 层　100038）
网　　址：www.E-mp.com.cn
电　　话：（010）51915602
印　　刷：保定金石印刷有限公司
经　　销：新华书店
开　　本：720mm×1000mm/16
印　　张：12.25
字　　数：227 千字
版　　次：2015 年 10 月第 1 版　2015 年 10 月第 1 次印刷
印　　数：1-4000 册
书　　号：ISBN 978-7-5096-3022-8
定　　价：45.00 元

前　言

围棋，围什么？

这是很多家长在为孩子选择学围棋之前曾询问过的问题。

我们使用过的围棋教材大多以技巧性的包围吃子内容为主，造成了教学就是教各种攻杀和吃子的方法，极易使下围棋变成了吃子的游戏。

其实，围棋是围地盘的智力游戏，看谁在棋盘上能包围占领比对方多的地盘，这是胜负的标准，也是目的。

学围棋首先要对围占地盘有明确的概念，然后才是学习围歼对方棋子的战术技巧。在任何对局中，再精湛的战术技巧也要始终服从围占比对方多的领地的全局战略。否则就会造成吃了很多棋子却输了棋的局面。

本书想从围地这一视角来解读围棋，开篇即以围占领地的思路来展示围棋。目的是想让读者在较短的时间内能比较形象地了解围棋是如何围占地盘的。

在课程最后，为了让读者比较形象地粗略地看懂高手下围棋的过程，我们选择了第一届中日围棋擂台赛决胜局聂卫平对藤泽秀行的棋谱，从围地的视角来看中日两国擂主为守住擂台阵地而进行的争夺过程。虽然对局中没有因为激烈攻杀而造成大块棋被吃的局面（双方仅有几个棋子被吃），看似是波澜不惊的"不战而屈人之兵"，实则是展现围棋竞技本质的极好的范例棋谱。

早在1300多年前，古人就将"琴、棋、书、画"四者并列组合为一个文化艺术概念。这说明围棋不仅仅是在棋盘上跑马圈地抢地盘，还能围出"棋文化"。

很多家长送孩子学棋是为了开发孩子的智力，从而对文化学习起到促进作用。围棋作为一种素质教育的载体，"棋文化"的教育在于提高孩子的情商、文化品位和思想修养。将围棋当兴趣，孩子会收获更多。

因此，我们在书中增加了一些有关礼仪、诗歌、棋理口诀以及规章制度等内容。

编写此书的目的是想帮助家长们尽快地了解围棋，限于水平，难免有不当之处，还望指正、探讨。

赵桂海　赵骞

2014 年 10 月于青岛

围棋名将齐曾矩（北京棋手、1982 年时任国家围棋队教练）

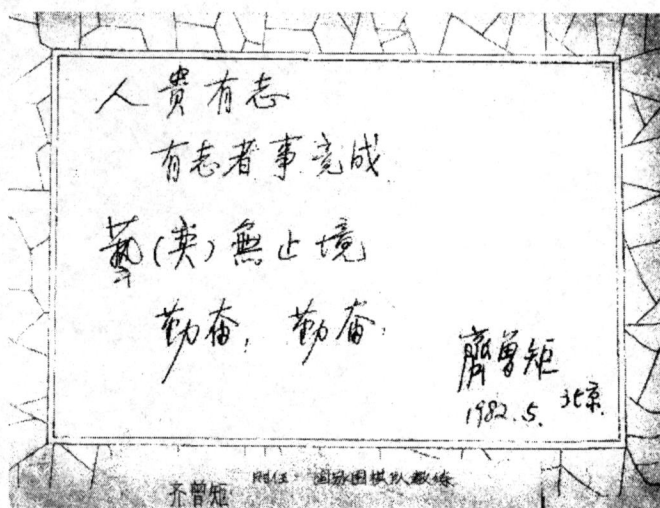

人贵有志
有志者事竟成
藝（乂）無止境
勤奋，勤奋。
齊曾矩
1982.5. 北京

齐曾矩　　同任：国家围棋队教练

围棋名宿华以刚为作者题词：

以"自强不息"为共勉吧。

中国围棋名将寄语　刘小光九段：行云流水。

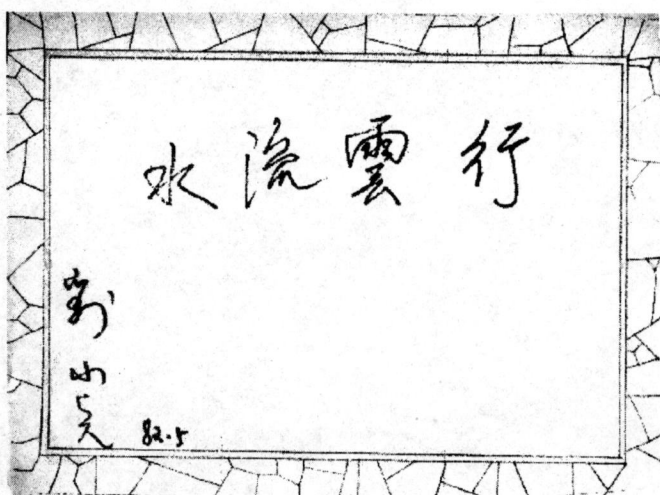

水流雲行

刘小光
82.5

围棋礼仪与弈德

一、礼仪

1. 对局前双方应握手，或点头致意，以表尊重。

2. 对局前下手方应主动整理棋具，以示敬意和学习的态度。

3. 猜先的礼仪。

对局前猜先时，下手方应请上手方抓白子，自己则取出 1 枚（或 2 枚）黑子，表示白子若是单数则己方执黑；若是双数则己方执白（取 2 枚则相反）。比赛前的猜先，则应由卫冕者、段位高者、年长者来抓子。

4. 黑棋的一手棋如果是占角的话，则应下在右上角，把距离对方右手最近的左上角留给对方，表示对对方的尊敬。

二、弈德

1. 参加比赛不应迟到，迟到是很不礼貌的行为。

2. 下棋时，坐姿应保持端正，不要歪坐。

3. 思考后，再拿子。不应抓子、翻打或玩弄棋子。

4. 下棋时应轻拿轻放，不应用力拍子。

5. 落子无悔。

6. 对局时不应在席间与他人说话，更不应边评边弈。

7. 对局时不应吃东西，尤其是带响声的食品。

8. 对局时不应有用力敲打桌椅、自言自语等干扰对方思考的行为。

9. 对方思考时，不应随意离席、走动，或是观看他局。

10. 对局时，对手因故离席，回来时自己有告诉对方棋下在哪里的义务。

11. "胜固欣然，败亦喜。"局后，双方应复盘研究，切磋棋艺，增进友谊。胜方切不可沾沾自喜，败方更不应拂袖而去。

12. 局后，双方应收好棋子，整理好棋具方可离席。

目　录

第一章　认识围棋

一、棋盘

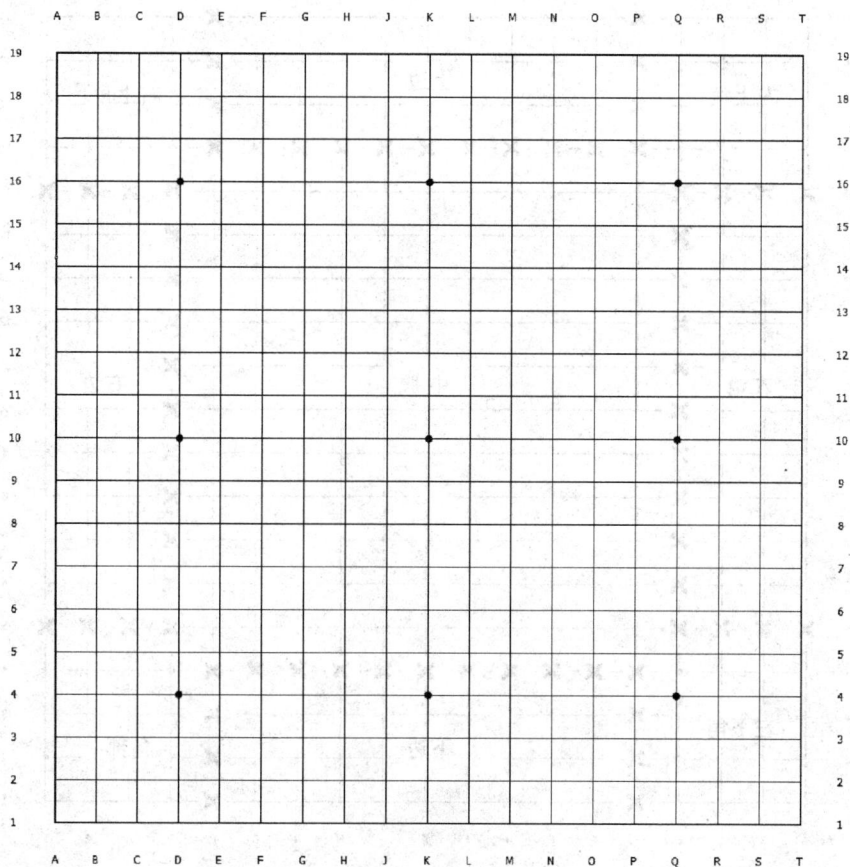

围棋棋盘由纵、横各 19 条直线组成。

纵横线组成交叉点：19×19＝361 个。

棋子就下在交叉点上。

棋盘共有 9 个黑点，叫"星"。

二、棋子

棋子分黑、白两色。

通常黑、白各 160 个左右就能满足下棋需要。

三、棋盘的划分

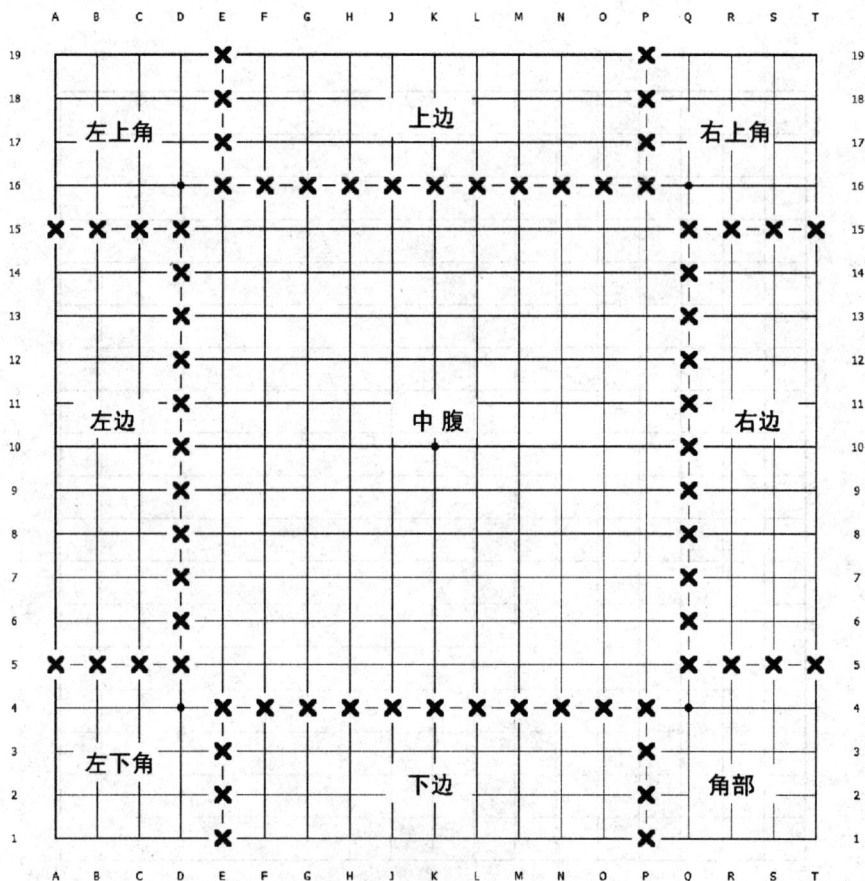

为方便区分棋盘上的位置，将棋盘大致划分为（虚线示意）：

角部有四部分；

边部有四部分；

中腹只有一部分。

四、基本规则

1. 双方各执一色棋子。
2. 黑方下第一子，然后轮流下子。
3. 棋子放在交叉点上，一经走出，再不能在盘上移动。
4. 以围地多少决定胜负。

●○

中 国 棋 文 化

围棋是中华民族智慧和意志的结晶，是中华民族优秀的传统文化遗产，包含了中华五千年悠久的历史和厚重的文化沉淀。

棋者，弈也。下棋者，艺也。博弈是东方文化生活的重要组成部分。它不同于一般的消遣游戏，因为它影响和陶冶着人们的道德观念、行为准则、审美趣味和思维方式。

琴、棋、书、画并称中国四大传统艺术形式，成为一种具有丰富内涵的文化形态。

"弈"中的恬淡、豁达、风雅、机智和军事、哲学、诗词、艺术共聚一堂。黑白之间，棋艺带来的启悟和内涵被无限拓展，棋盘之外的天地被融合为一，成为中国棋文化的最大特点。

方寸棋盘，带给人们的是性格、品德、事业的启迪，激励人们不断探索，促使人们不断进取、不断创新。

方寸棋盘，还具有磨炼人的意志、陶冶人的情操、振奋民族精神的作用。

第二章 围棋，围什么？

围棋中"围"字含义：一是"围地"；二是"包围作战"（围歼）。

一、围地

棋盘犹如一片被海水包围的方形荒地。

四角是山区，易守难攻；

四边是连绵的丘陵地带；

中间是一大片平原。

围棋的目的就是"围地"。

现在，两位指挥官带着黑白棋子来到这里，都想尽可能多地围抢这片土地。

在地图上，不同区域之间的界限是用线条来划分的。

下围棋如同"画地图"。双方领土区域之间的界限，由对抗双方棋子组成的边防线来划分显示。

土地的数量用交叉点来表示，共有 361 个"地点"。

谁有能力围到的地点比对方多，谁就是胜利者。

围棋名家陈毅寄语：

棋虽小道，品德最尊

陈毅是新中国的十大元帅之一。中国棋院的一楼大厅镌刻着他于 1962 年激励棋手的题词：

纹枰对坐，从容谈兵，

研究棋艺，推陈出新，

棋虽小道，品德最尊，

中国绝艺，源远根深，

继承发扬，专赖后昆，

敬待能者，夺取冠军。

二、围地对局演示

第一谱 黑方兵力抢占角部山区：

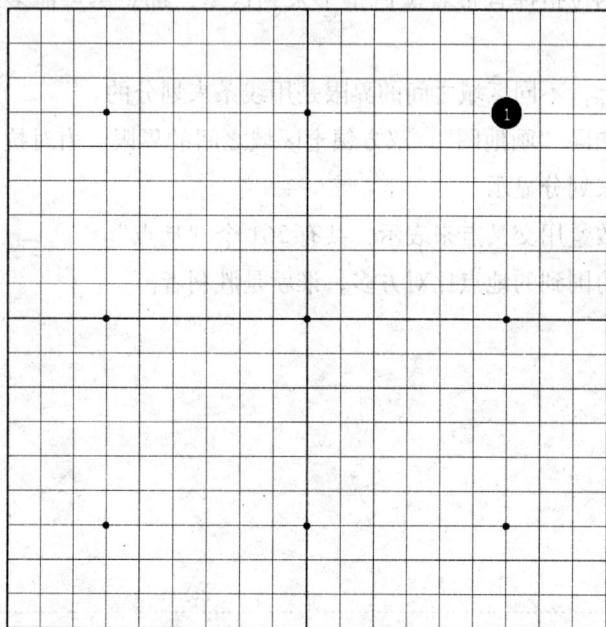

黑第一子要走在自己的右上角部，这是围棋中的礼仪，表示尊重对方。黑❶走角部星位，是想护住角部的地域。

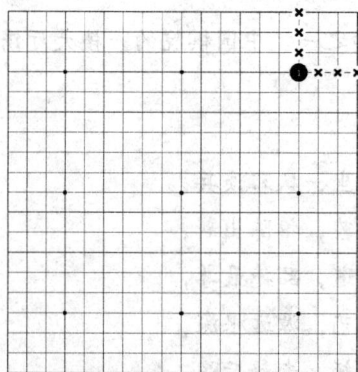

示意图

黑子两旁的×连线像伸开的手臂，显示出黑方想尽快围住的角部地区。

注：用×连线显示棋手正在谋求"围地"的大体范围。（下同）

第二谱 双方兵力抢占角部山区：

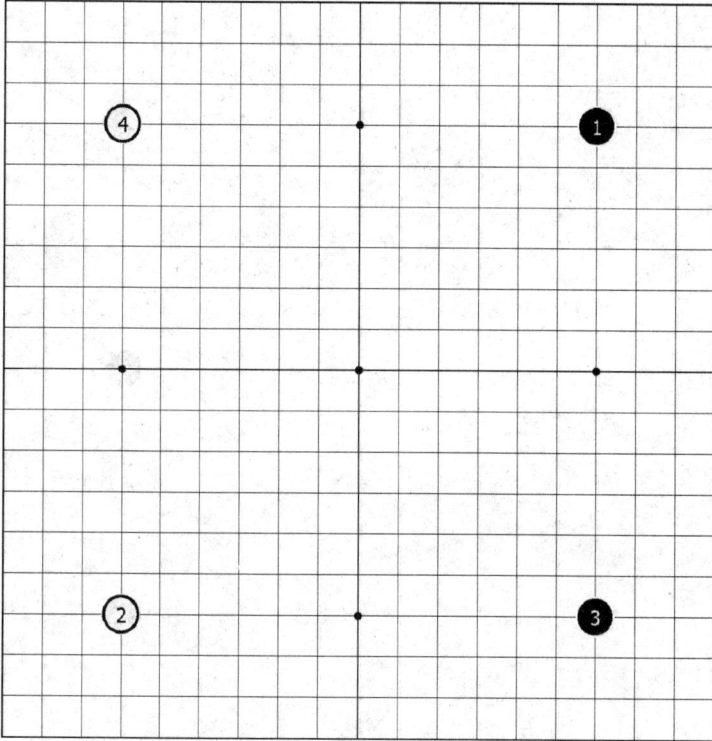

白②、黑❸、白④各占角部的据点，是想尽快抢占角部阵地。

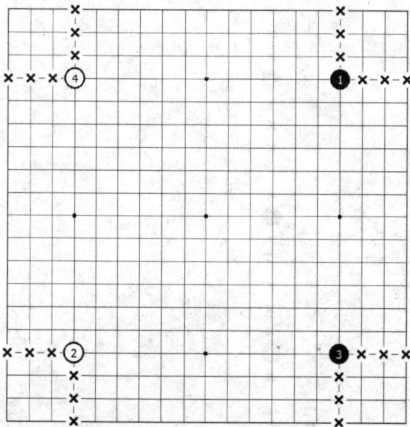

示意图

第三谱 黑方兵力向边部丘陵地带扩展：

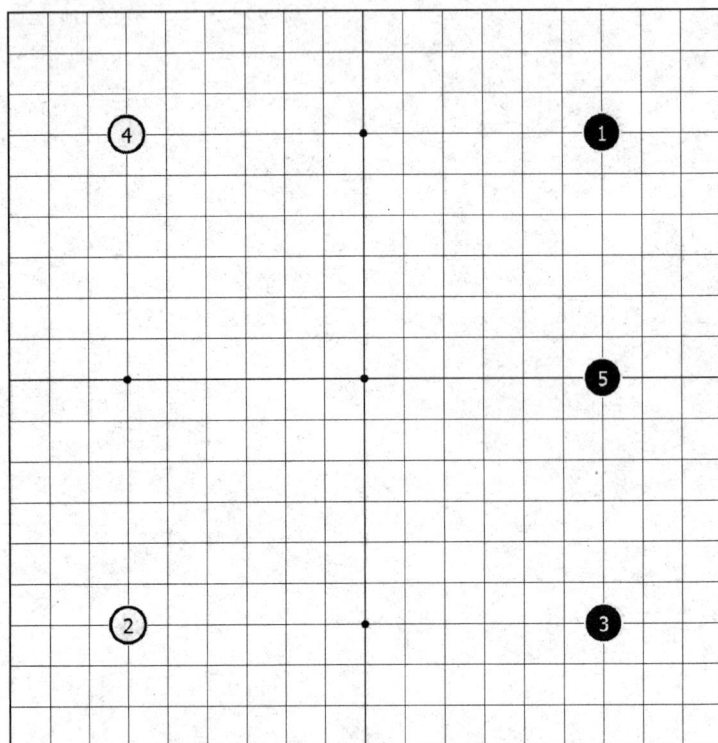

黑❺与角部两个子遥相呼应，连占三个星位，想将角、边连成一片。

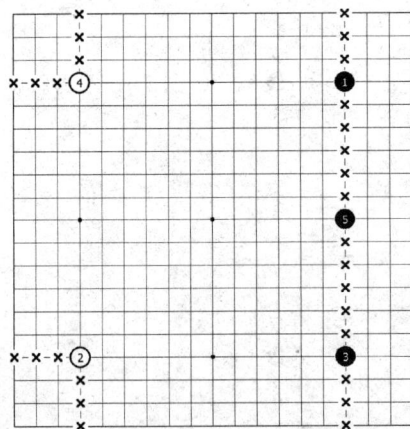

示意图

第四谱　白棋兵力向黑角部进攻：

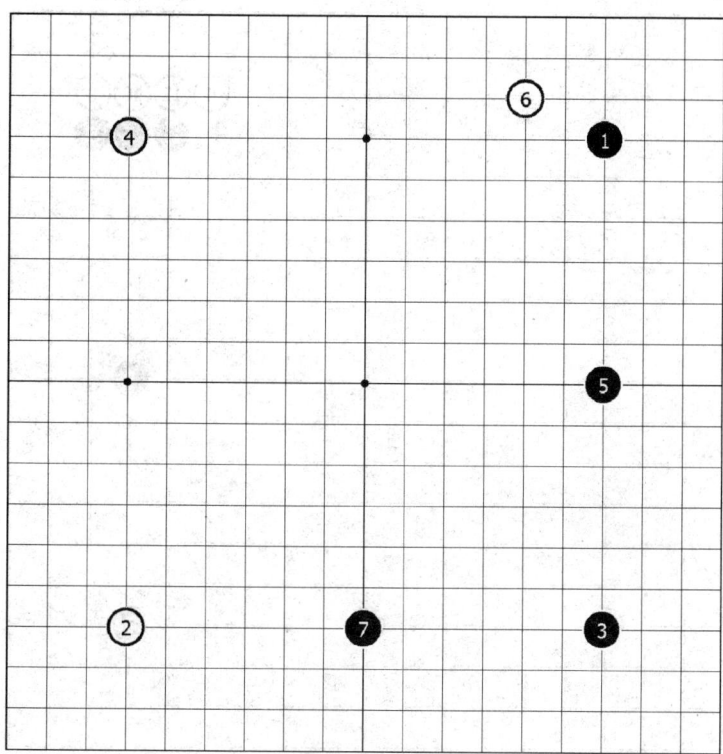

白⑥在阻挡黑方向上边扩展的同时又伺机抢夺角部。

黑❼继续扩大右下角的势力范围。

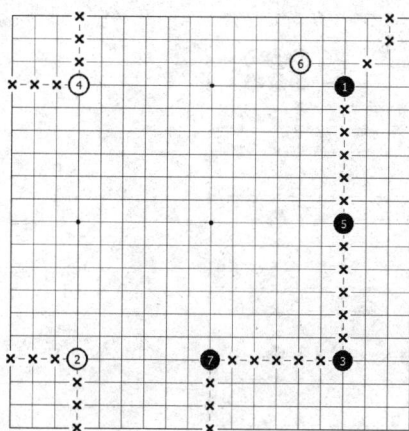

示意图

第五谱 白方兵力抢夺角部山区：

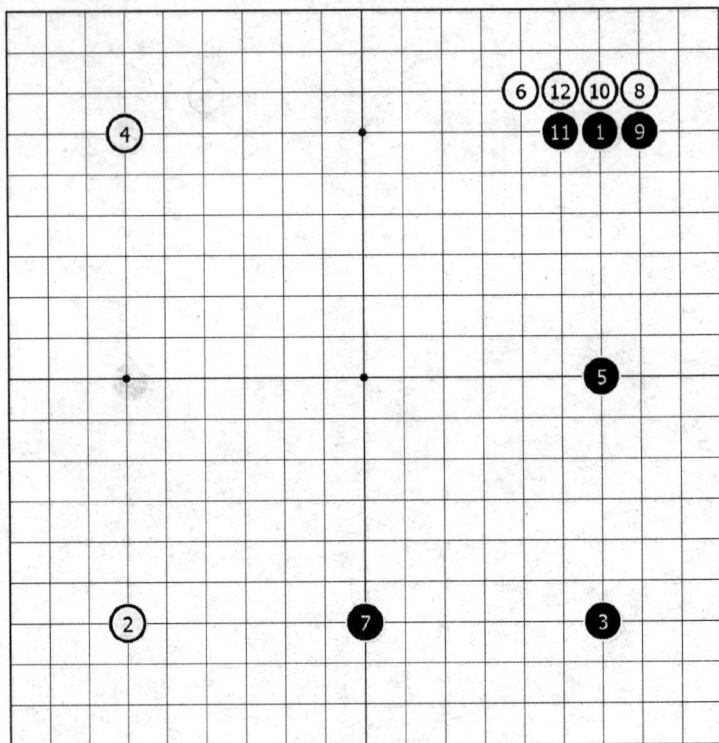

白⑧抢入角地，黑❾先护右边地区。

白⑩、⑫夺取了角部山区的阵地。

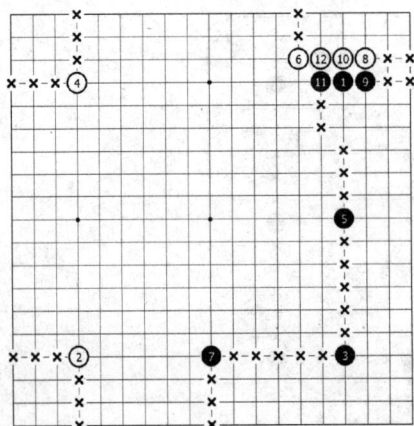

示意图

第六谱 双方向中腹平原地带扩张：

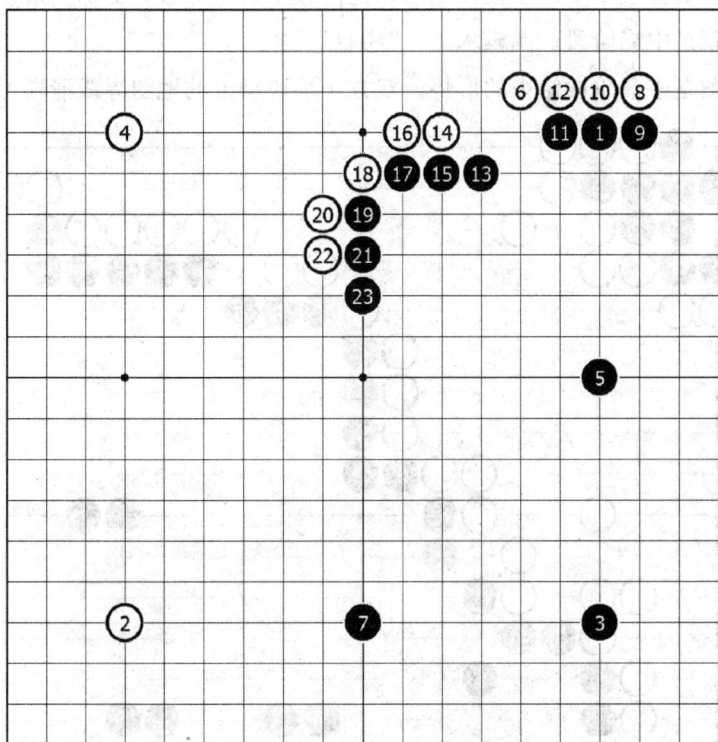

黑⑬向中腹走，是想扩张右边领土范围，白⑭则向上边发展。

黑⑮至㉓，双方对抗着走向中腹。这是："布局"阶段。

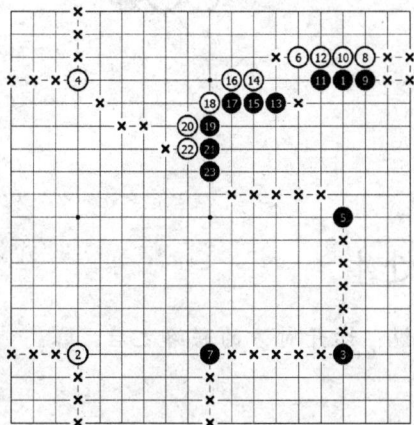 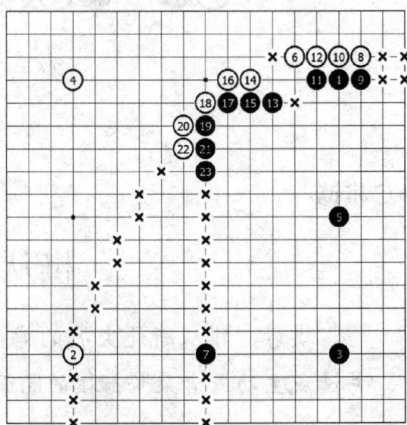

第七谱 中盘阶段（过程暂略）：

随着双方一个个棋子投入战场，抢占领土的争夺战会更加复杂、激烈。这就是中局阶段。围棋术语："中盘"。

下图是中盘阶段结束的形势。双方一块块领土的地图界线清晰可见。

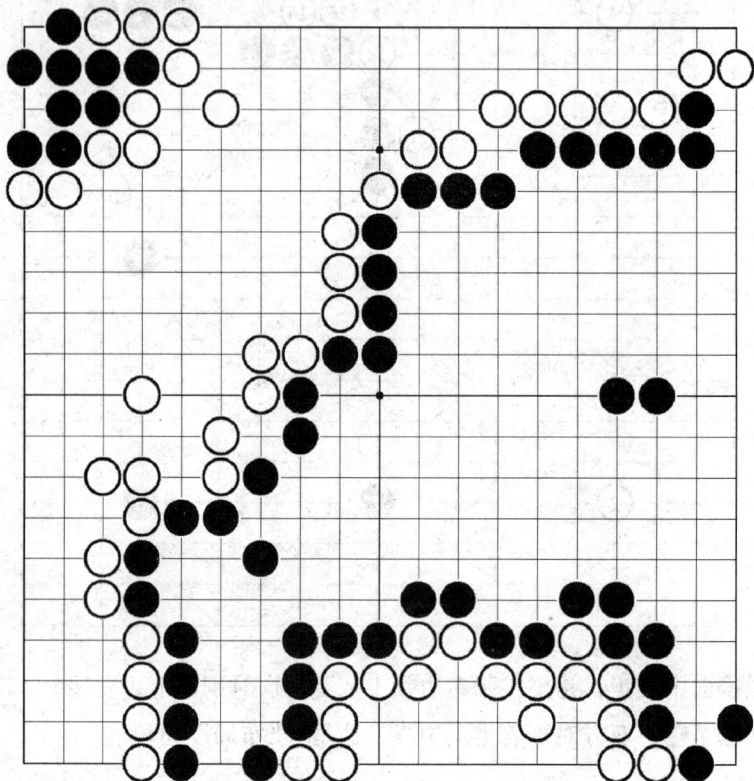

●○棋谚

棋从断处生

棋谚"棋从断处生"的意思是说：切开对方的联络之后，容易造成主动或者乘势行棋的局面。

第八谱 收官阶段：

沿着双方棋子对抗组成的边界寻找，会发现还有几处✕位归属未定。

走完这些小地方，就是棋局的结束阶段。围棋术语："收官"。

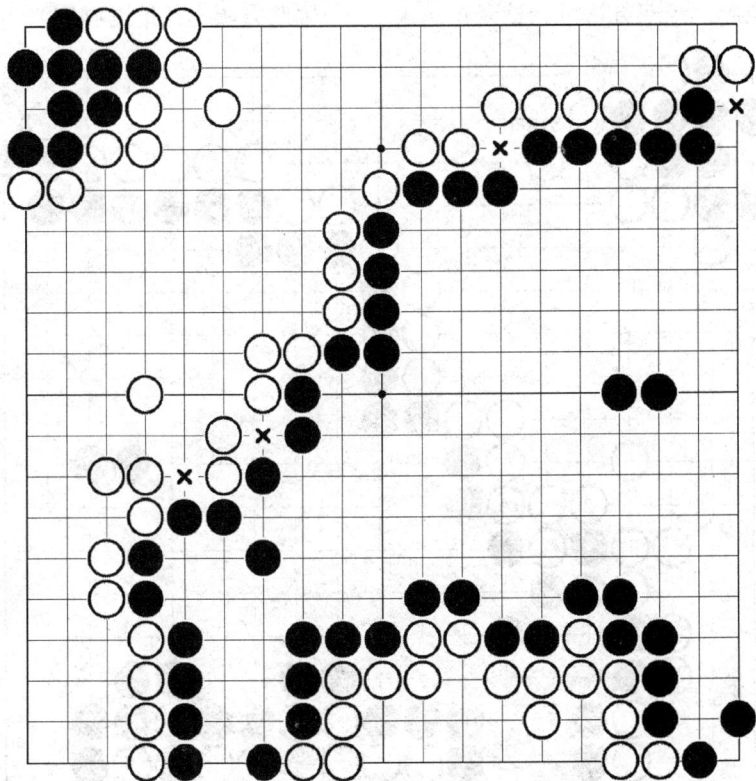

●○棋谚

两处有情方可断

在切断对方的棋以后，可以对其两块进行有效攻击时，就要切断它。但如果切断之后，两块棋没有被攻的危险，切断的子就会成为负担，这样的切断不好。

第九谱 收官：

黑❶向白方领土内冲，白②挡住，黑❸堵住边界线上的缺口。白④、黑❺各占一个子的地点。

至此，经双方认可，这盘棋结束。（一幅双方领土的地图画完）

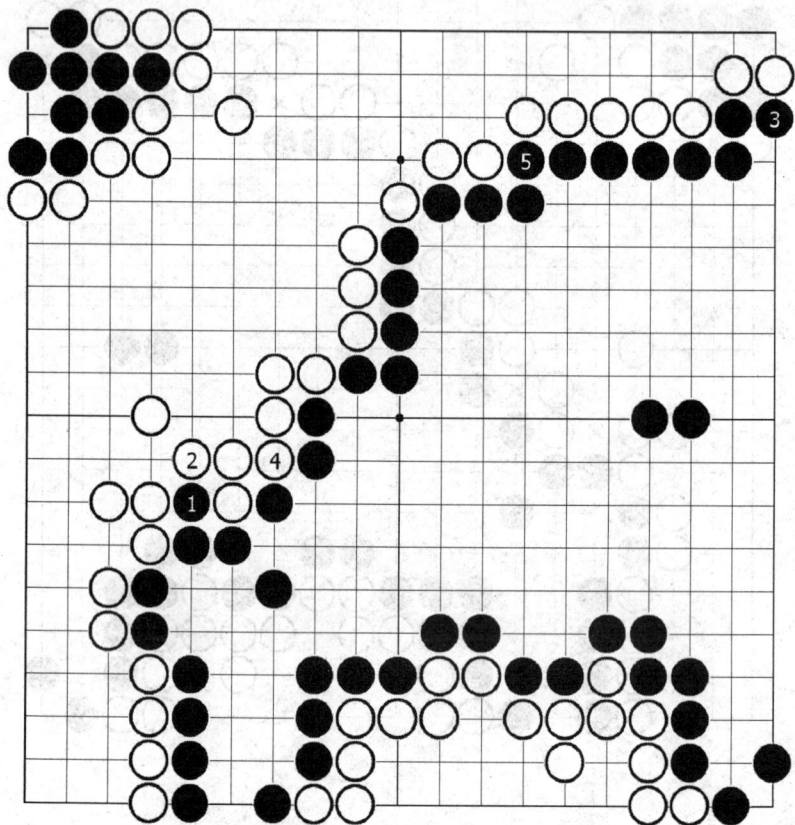

三、胜负计算规则

比较双方围占领土数量，多者获胜。这局棋的结果是：黑方胜。（暂不具体计算）

目前，计算胜负的方法主要有两种。

中国竞赛规则：

比较双方用棋子占据的地点和围起来上面没棋子的空地点的总数。（简

单地说，就是"子"和"空"一共有多少）

这些地点统称："子"（即棋子）。因此称"数子法"。

日本竞赛规则：

比较双方棋子围住里面没有棋子的空地点总数。（简单地说，就是"空"有多少）。

这些空点，术语称："目"。因此，称"比目法"。

●○故事

专 心 致 志

古代有一个人名叫弈秋。他潜心研究围棋，成为当时天下第一高手。

不少家长慕名而来，把自己的孩子送到弈秋处学棋。弈秋招收弟子要求非常严格。在众多小孩中，他只挑选了两个。这两个孩子都非常聪明。

学了一段时间后，两名弟子的学习态度却出现了不一样的状况。大弟子专心听讲，认真练习，碰到不明白的地方就向老师请教；小弟子每天对着棋盘，心里却想着天上飞过的大雁。只要听到鸟叫，他就摸摸藏在身上的弓弹，寻思着把飞鸟打下来。

后来，认真学棋的大弟子学有所成，成为一代围棋大师，受人景仰。小弟子一事无成，成年后只会向人吹嘘，说自己曾经是弈秋的弟子。

这就是成语"专心致志"的故事。这个故事告诉我们，要做好一件事，要一心一意，不能三心二意。

第三章　地

一、地的概念

这局棋双方共围起四块大小不一、形状各异的地域。

地就是指用棋子占据的交叉点和围住的空交叉点。

地是胜负的根本。例如：

"对局演示"中下边的白子围住的地，可以看成是白棋所得。下边线是棋盘的边缘，是海边，不必特意用棋子防守。

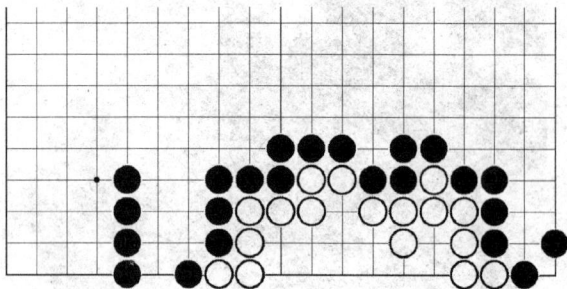

这块白地中，白子共 17 个，空交叉点共 12 个，这块白棋总共就是 29 子。

二、边界的漏洞

围地边界线上有漏洞，能被对方侵入，那就不是完全的地。

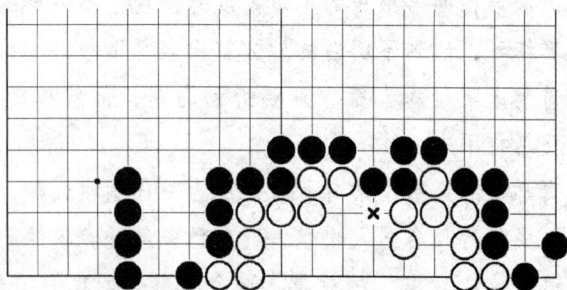

图：假如白棋的边界线×位处有漏洞。

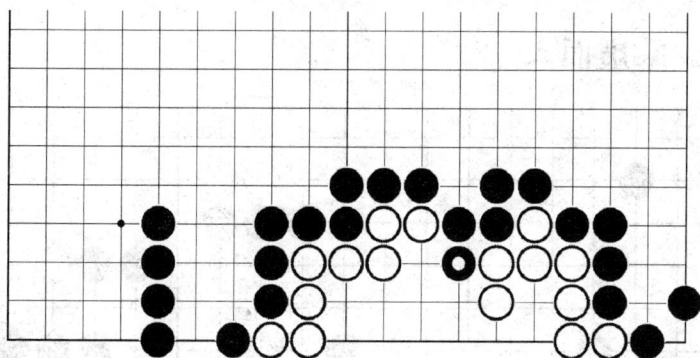

图：黑❶进入白空地，如同洪水决堤，白地损失很大。

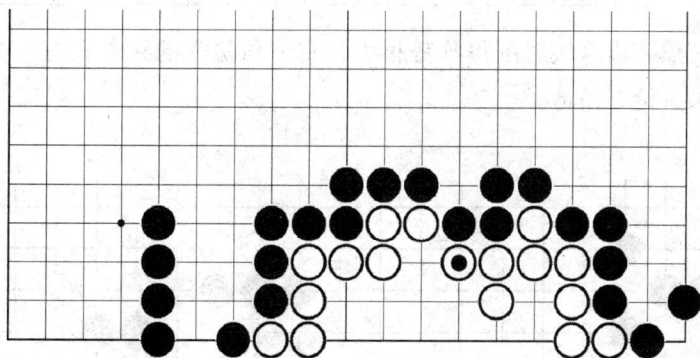

图：白◉及时堵住边界上的漏洞，才能保证领土完整。

●○棋谚

金角银边草肚皮

棋谚"金角银边草肚皮"说的是，相同的子数在棋盘的不同部位围取的地域价值是不同的，角上围的最多，边上次之，中腹最不易围空。

三、乘虚而入

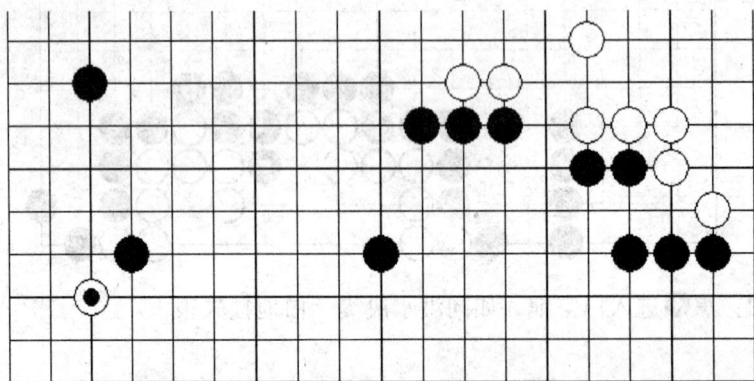

图：黑下边这块地围得阵势很大，左下角防守的兵力只有一个。白⊙乘虚而入，抢夺角地。

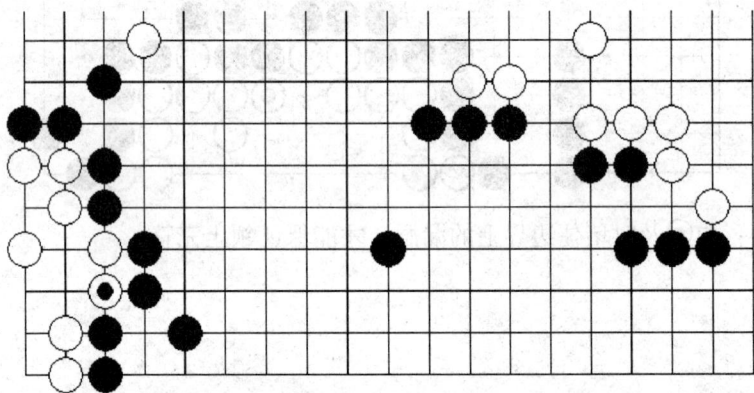

图：白棋成功围得一块根据地。白棋得到的就是黑棋损失的。

四、地的大小

土地的块数、形状与胜负无关。

但围占一块土地的大小却与胜负有关，而且关系很大。

例如：

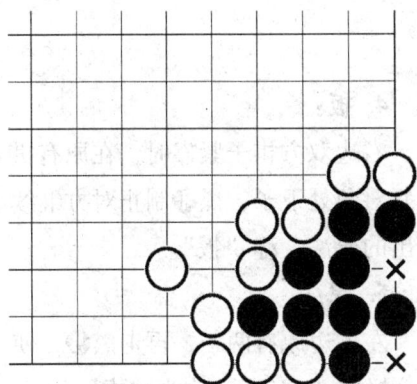

"对局演示"局中的左上角黑棋之所以能在白棋的范围内坚守住小阵地，完全依赖于自己围住了两个不相连的空地点（×位）。

为什么呢？

这就要了解后面将要讲到的围棋中最精彩的部分——**"包围作战"**。

五、围棋着法名称

围棋着法名称很多，这里简介几个常用的。

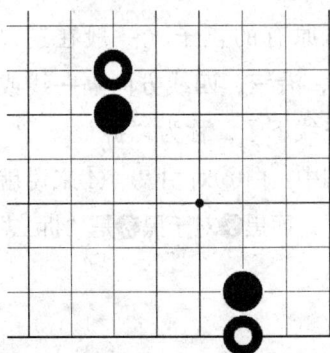

1. 长：

在原有棋子的直线上，向宽阔方向紧接着走一子，叫"长"，中间的黑●子，即是"长"。

向边角方向"长"一子，叫"立"。下边的黑●子，即是"立"。

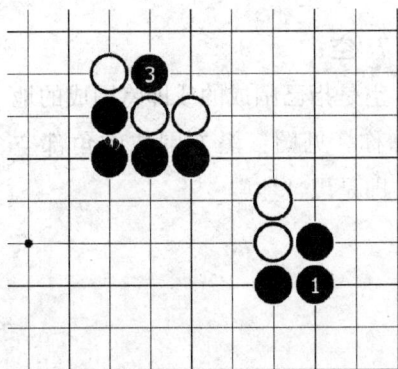

2. 断：

将对方棋子分成两部分为"断"，左图黑❸子。

3. 连或接：

将两个或两块不相连的棋子连接起来，称为"连"或"接"，右下角黑❶。

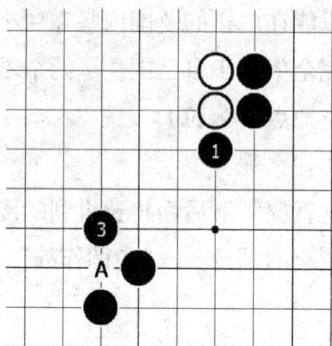

4. 扳：

右边双方棋子紧靠时，在原有棋子斜对角处下子，黑❶制止对方继续长出的着法，称"扳"。

5. 虎：

左下边原有两子，再走黑❸，使A位好像"虎口"，称为"虎"。

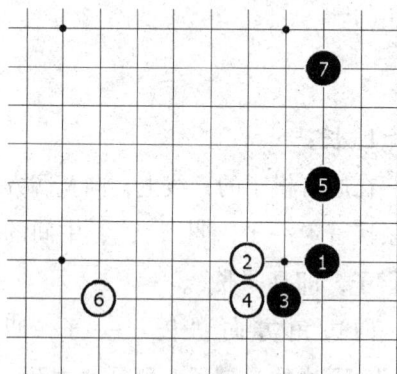

6. 拆：

从原有的棋子（一般在三、四线上），沿三、四线方向隔一线或两线、三线下子，称为"拆"。

图中：白⑥对白②、④来说就是"拆三"；而黑❼对于黑❺是"拆二"。

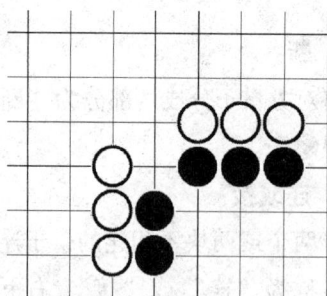

7. 空：

空是指已围成的或即将围成的地域总称。见图：黑方围住的角部空地，即是黑"空"。

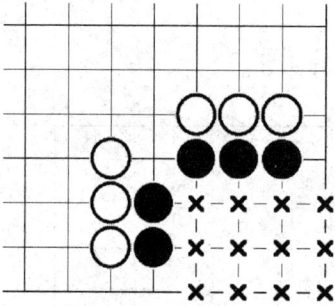

8. 目：

目是指用棋子围起来的或即将围起来的空地的交叉点。如图中的×点显示的共有 12 个，即是角部黑空有 12 目。

六、练习题

1. 请找一找：上边白地，左下角黑地、右边白地边界线上有没有漏洞？

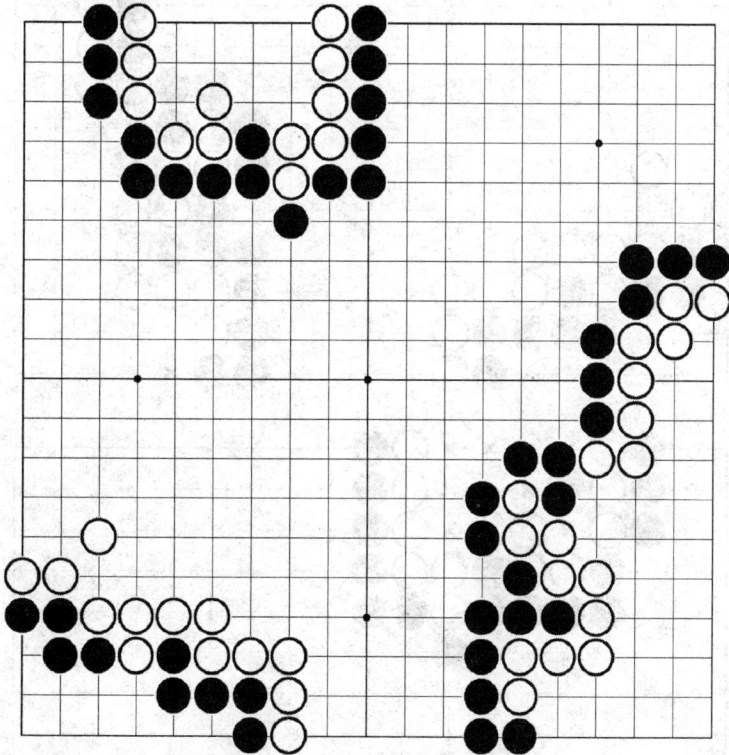

2. 如果上边白棋堵住边界漏洞，那么这块白棋地域中：

白子有（ ）个，空点有（ ）目，一共有（ ）子。

练习题答案：

1. ✕位标示出三块棋的边界线漏洞，共有四处。

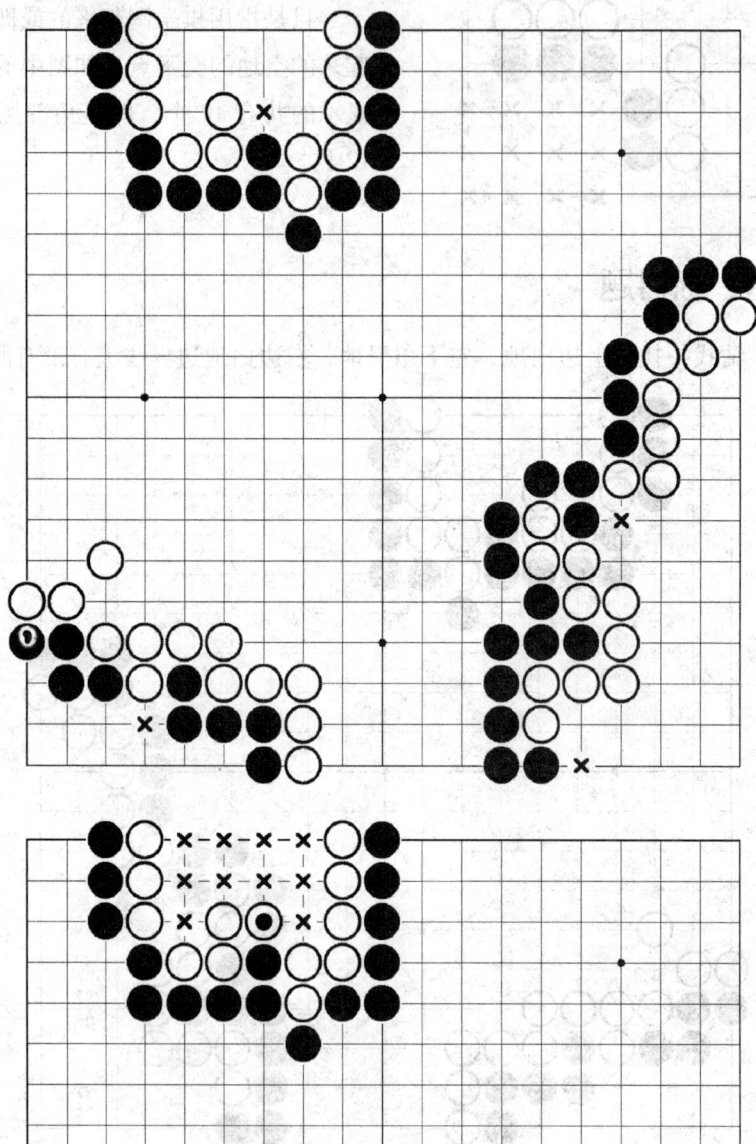

2. 白◉堵住上边白空的漏洞后，这块白棋的地域中白子有（13）个，围空地（10）目，一共（23）子。

●○

围 棋 九 品

早在三国魏晋时期，有人品、官品的"九品制"文化思想，进而间接影响到文化和艺术，故围棋手也用九品来描述水平和境界的高低。至宋朝的《棋经十三篇》，已明确提出棋分九品。

一品曰入神（神游局内，妙而不可知，故曰入神），是指："变化莫测，且能先知，棋艺已入化境，而能不战而屈人之棋，无人能敌者。"这算上上。

二品曰坐照（不劳神思而不意灼然在目，故曰坐照），是指："入神者让半先，棋艺空灵，善于应变，可随手应之，不思而得。"这算上中。

三品曰具体（人名有长，未免一偏，能兼众人之长，故曰具体。如遇战则战胜，取势则势高，攻则攻，守则守是也），是指："入神者让一先，临局之际，看形状即悟，具入神之体而稍逊。"这算上下。

四品曰通幽（通，有研穷精究之功；幽，有玄远深奥之妙。盖其心虚灵洞沏，能深知其意而造于妙也，故曰通幽），是指："受以上三品者两先，临局之际，看形状阻能善应变，战或不战，能掌握主动权。"这算中上。

五品曰用智（智，知也。未至于神，未能灼见棋意，而其效着不能深知，故必用智深算而入于妙）。这算中中。

六品曰小巧（虽不能大有布置，而纵横各有巧妙胜人，故曰小巧），是指："受让三子，未能通幽，对战时可用智慧以达到自己的目的。"这算中下。

七品曰斗力（此野战棋也），是指："受让五子，喜欢缠斗，与敌相抗，不用其智而专靠蛮力。"这算下上。

八品曰若愚（布子如愚），观其布置虽如愚，然而实，其势不可犯。所谓"始如处女，敌人开户，后如脱兔，敌不敢拒"是也。这算下中。

九品曰守拙（人家太强了，那就先守着吧），凡棋有善于巧者，勿与之斗巧，但守我之拙，彼巧无所施，此之谓守拙。这算下下。

第四章 棋子的生命力：气

现在我们开始了解围棋中最精彩部分——"包围作战"。

当一个棋子被棋手慎重地投到棋盘上后，它就有了生命力：与它直线紧邻的交叉点是这个棋子的"气"。人离开了空气就不能生存，棋子在棋盘上也必须依赖"气"才能存在。"气"就是棋子的生命力。

一、气

1. 单个子。

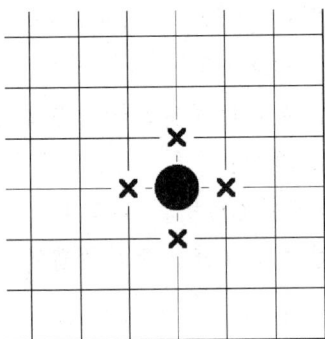

图：

黑子与周围四个×位"直线紧邻"。因此，它有4气。

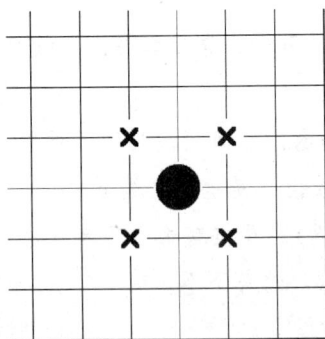

图：

×位没有与黑子"直线紧邻"，所以不是黑子的气，一定要分清。

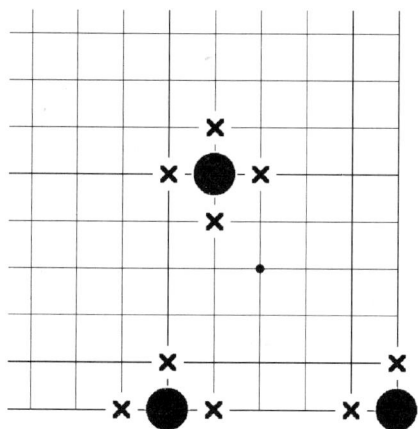

图：

棋子放在棋盘上所处位置不同，它的气数也不相同。

角上黑子有 2 气，

边上黑子有 3 气，

中间黑子有 4 气。

2. 多个棋子。

几个棋子紧密相连在一起，就成为一个整体，它们就拥有共同的"气"。

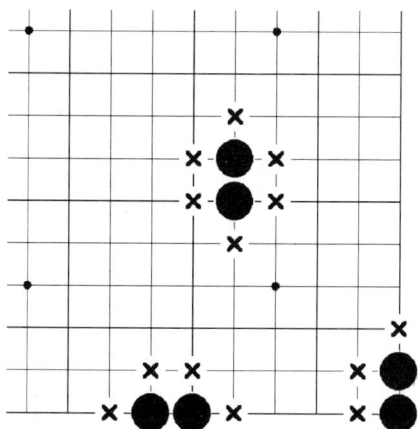

图：

二子相连：

角上二子有 3 气，

边上二子有 4 气，

中间二子有 6 气。

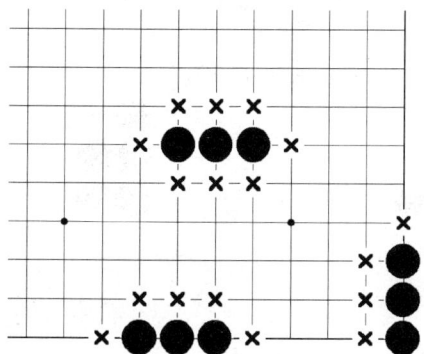

图：

三子直连：

角上三子有 4 气，

边上三子有 5 气，

中间三子有 8 气。

3. 形状和位置。

在棋盘上直线紧邻、连成一体的棋子，它们的气数多少，与所处位置和排列形状是有很大关系的。

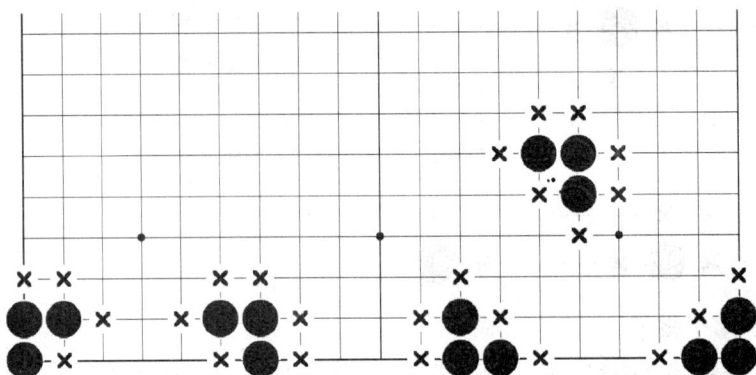

图：同样弯曲的三子：在中间有 7 气，在边上有 6 气或 5 气，在角上有 4 气或 3 气。

棋子数量越多，它们排列形状变化也越多，加上所处位置和双方棋子的影响，它们的气数变化就更大，这就需要锻炼我们的眼力和计算能力。

测试一下你的眼力：

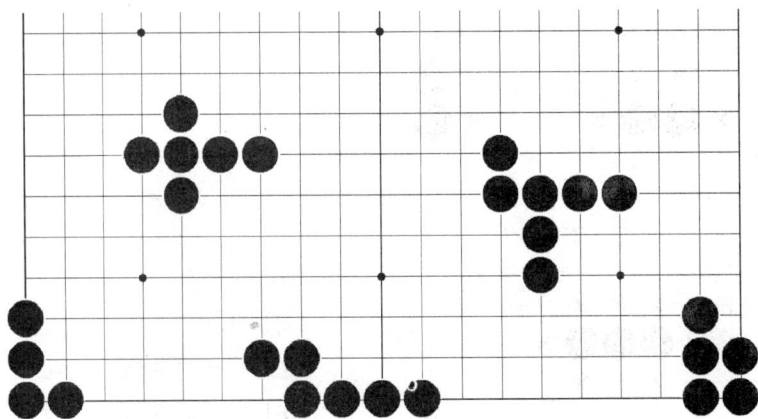

图：各部分黑棋各有多少气？

4. 相互侵占。

直线紧邻的点如果被对方棋子占领，此处的气便不存在了。

围棋对局中，主要作战手段就是围攻，灭对方的气。所以，棋子的气数是不断变化的。

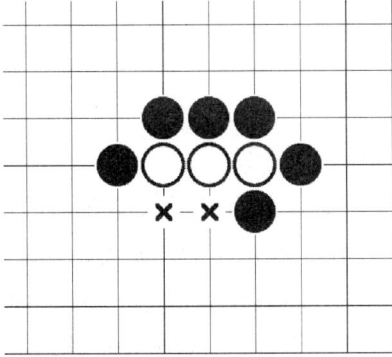

图：

白三子周围还有两个与它们直线紧邻的空交叉点，所以只有 2 气（×位）。

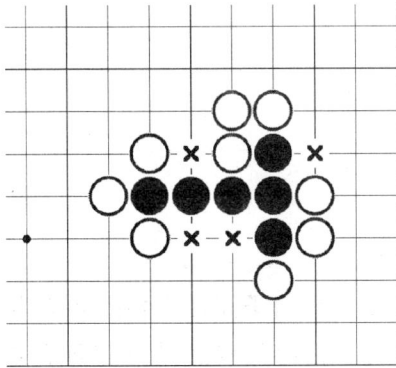

图：

黑六子周围有 4 个和它们直线紧邻的空交叉点，所以它们有 4 气。

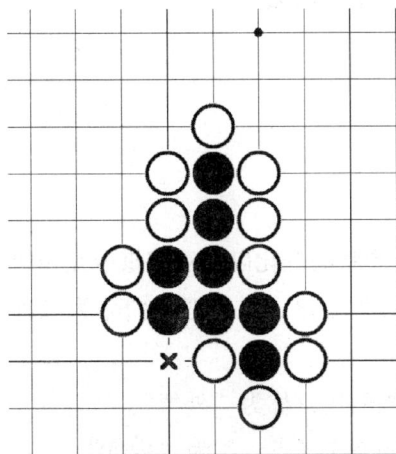

图：

我们会发现黑棋 8 个子，与它们直线紧邻的交叉点几乎全被白方占去，只有一个空点是它们的气数，如此，黑八子的气数，就是 1 气。

5. 不相连的子。

没有直线紧邻的同色棋子，则不能看作一个整体。

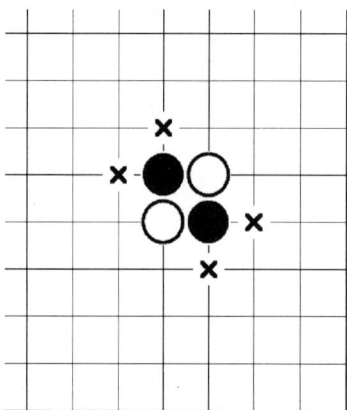

图：

两个黑子没有"直线紧邻"，而是被两个白子分开了，成为两个单体，分别各自有×位2气。当然，两个白子实际上也被分成两个单体，各自也只有2气。

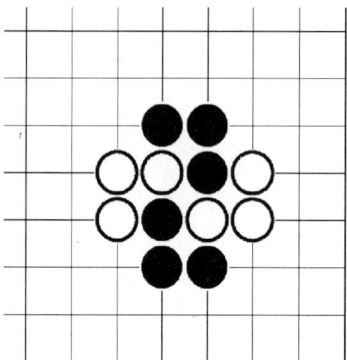

图：

12个黑白子同样互相隔断成为四部分，目前的状态是每部各有4气。（请自己数一数）

二、气的种类

在实战中，随着双方棋子数量的增加，形状的变化以及双方棋子互相纠缠等，"气"在其中的作用也会随之发生一些变化，我们把它们分为三种类型：

1. **外气**：我们上面讲到的都是棋子外围的气，称为"外气"。

2. **内气**：被一些同色棋子包围在里面的空交叉点，称为"内气"。

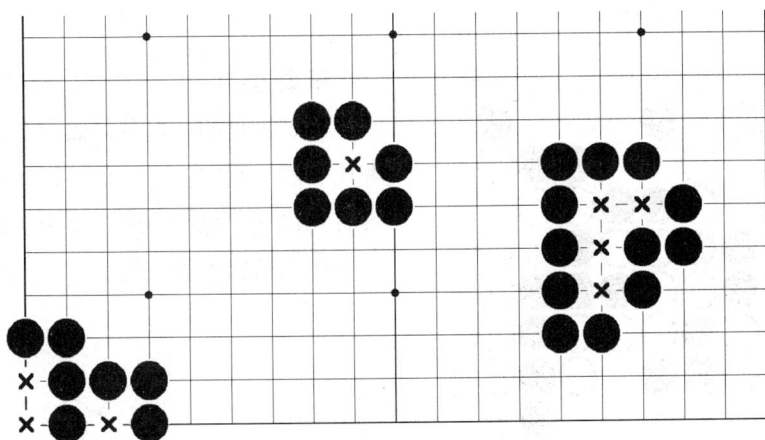

图：左下角黑棋有 3 内气（×表示）；

中间黑棋有 1 内气（×表示）；

右边黑棋有 4 内气（×表示）。

3. 公气：在双方棋子互相包围中，被相互困住的棋子之间又共同围住的交叉点，既是黑棋的气也是白棋的气，这种双方共有的气叫"公气"。

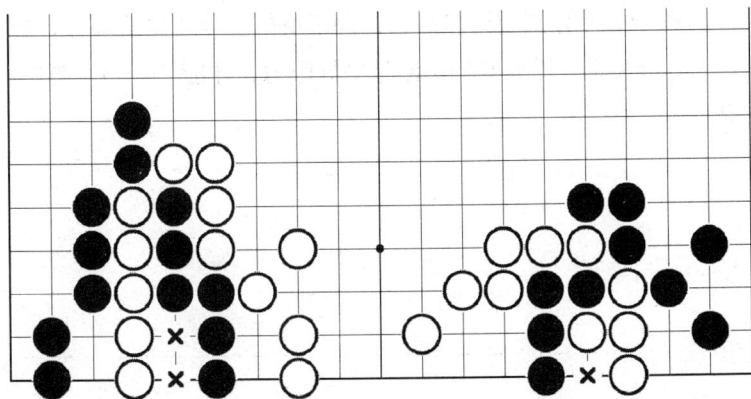

图：左下角黑白互相包围，中间两个×位是双方 2 口公气；

右下角黑白互相包围，中间×位是双方的 1 口公气。

对局过程中，随着双方子数的增多，盘面上必然会显得很乱。双方各有几块棋，多少外气、内气、公气很难分辨，这就需要多下棋，才能逐步提高分辨的能力。

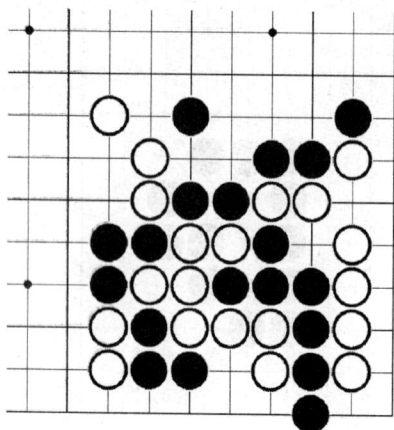

试眼力：

　　这是棋盘的一部分，黑白双方纠缠成一团，双方各有几部分，每部分各有几口气，恐怕一时难以说清楚。

　　你不妨试着数一数。

三、小结

　　1. "直线紧邻"的空交叉点是"气"。

　　2. 棋盘上子数少时，数气容易。而子多纠缠在一起时，就要仔细分辨。

　　3. 双方棋子必然分割成许多部分，许多块棋。分清楚这部分、那部分，也和数气有直接关系，需要我们不断地锻炼眼力，才能"一目了然"。

●○成语

当局者迷、旁观者清

——南朝宋 《宋书·王微传》

　　当局者之所以迷，乃是其执着于棋枰局部之胜负得失；旁观者之所以清，则是其不为眼前个人利害所动，而能纵观全局，考虑整体利益。

●○

中国古代围棋十诀

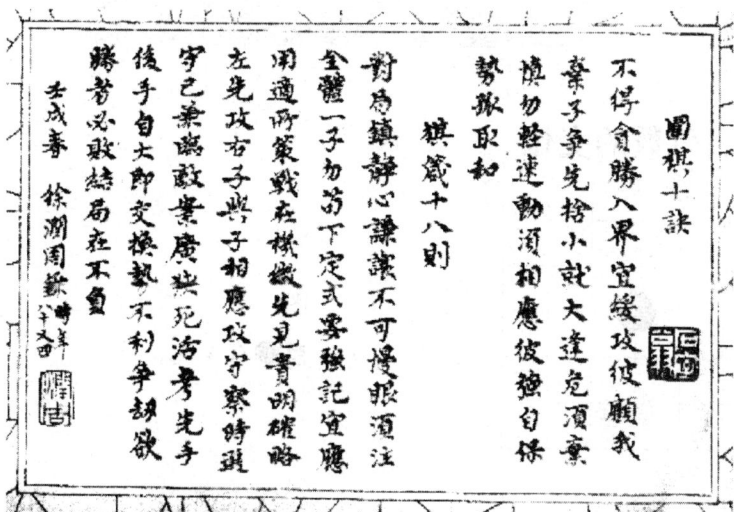

（围棋史家徐润周，1982年为本书作者赵桂海题写）

中国古代围棋十诀　　从理论上可以做如下注解：

不得贪胜——赢棋不闹事。不宜为贪图大胜而走违反棋理的过分之棋。

入界宜缓——打入对方阵式要遵循疾如风、徐如林的进军原则，不宜轻率地深入虎穴。

攻彼顾我——进攻时要注意保持节奏，攻中有守，同时弥补自身弱点，防止对方反击。

弃子争先——要注意全局作战主动权的把握。宁失数子，不失一先。

舍小就大——精于计算，权衡得失，谨守棋筋，趋利避害。

逢危须弃——局部战斗形势不利时，要及早考虑弃子转身。

慎勿轻速——轻兵疾进，易受挫折，发动决战之前务必三思而后行。

动须相应——作战思想要连贯，局部战斗要与全局子力配置遥相呼应。

彼强自保——避开对手优势兵力的攻击锋芒，尽早安定自身弱子，先求立于不败之地。

势孤取和——善败者不乱。劣势下要争取减少损失，尽可能地维持全局战略平衡。

第五章 气数与提子

一、气数的变化

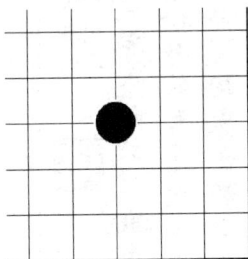

图：
黑●有4气。

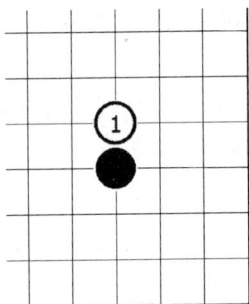

图：
白①紧靠上黑子，会发生什么情况？

1. 相互减气。

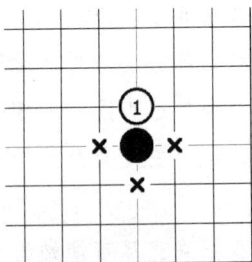

图：
白①子占领黑1气，黑还有3气。

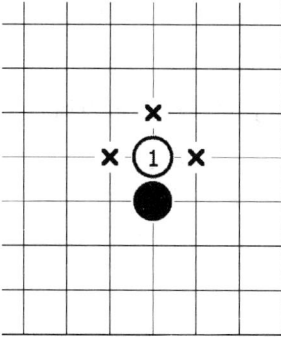

图：

同时，白①子本身也只有 3 气。

2. 气的减少。

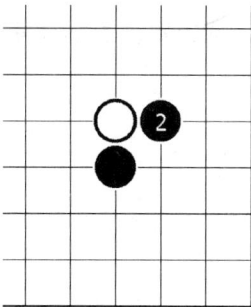

图：

黑方反击，黑❷占去白子 1 气。

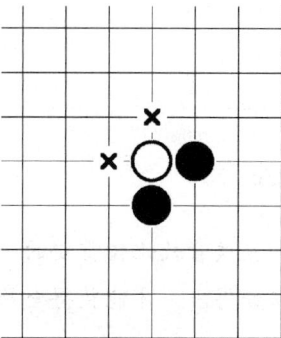

图：

白子还有 2 气。（×位）

3. 气的变化。

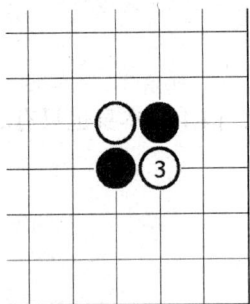

图：

白③反击，双方互相纠缠，互相占"气"。

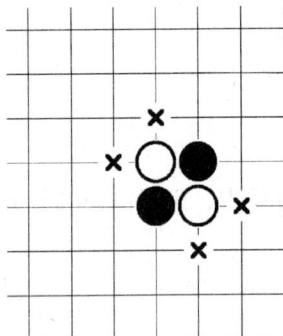

图：

结果，双方每个子都只有 2 气。

取重舍轻方得胜

当己方有两部分棋受到对方的攻击时，应该营救比较重要的一方，舍去不重要的一方。只有分清轻重、取舍得当，才能获得全局的胜利。

课中练习题：数一数，标出图中各部分黑棋的气数。

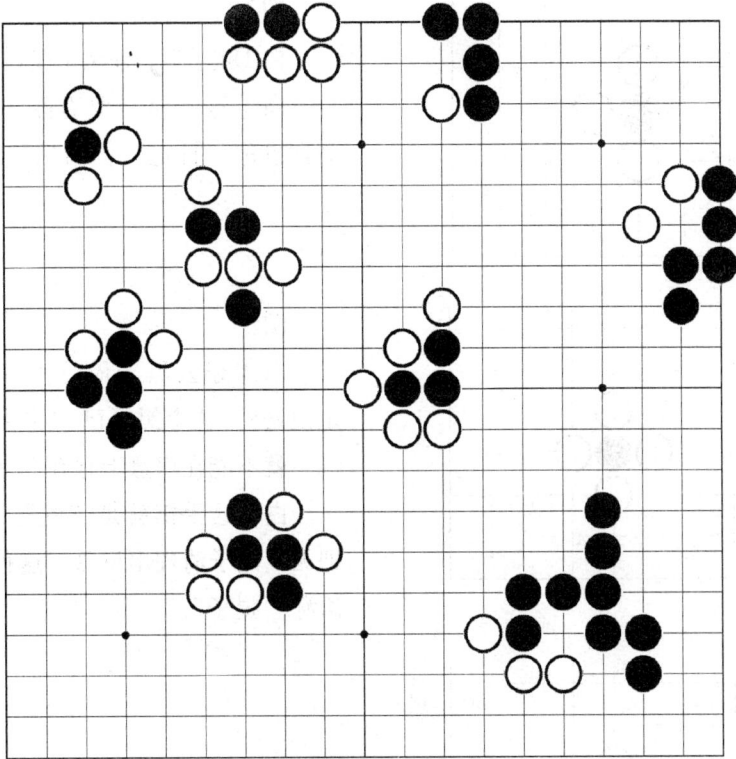

二、提子

"围棋竞赛规则" 规定：棋子如果失去所有的气，就不能在棋盘上存在。因此，没有"气"的棋子要从棋盘上拿掉。

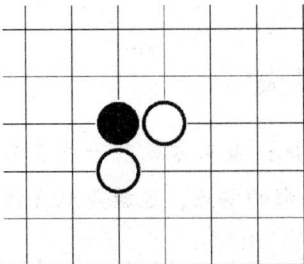

图：

黑子只有 2 气。

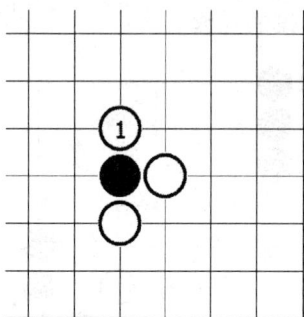

图：

白①走上后，使黑子仅剩1气了。

白①这手棋，术语称："打"，通常也称"打吃"、"叫吃"。

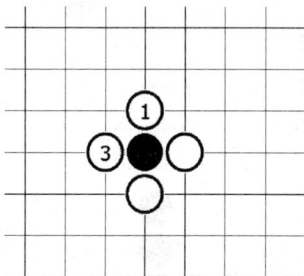

图：

白③夺去黑子最后 1 气（黑❷走他处）。这个黑子已"失去所有的气，就不能在棋盘上存在"了。

白③这手棋就是"吃"，要立即把无气黑子清理出棋盘。这种手段术语称"提子"。

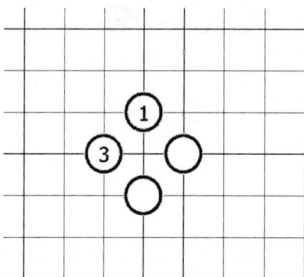

图：

黑子被提掉了。

●○棋谚

左右同形走中央

棋谚："左右同形走中央"的意思是说：当双方或某一方左右的形状一样时，往往中间的对称点就是棋形的要点，也就是双方该走的要点。

三、提多子

不论多少棋子，只要没有气了，就要被提掉。

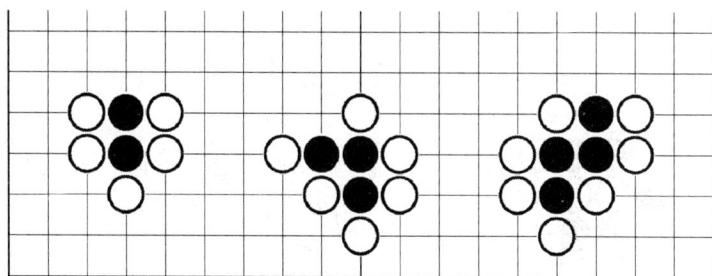

图：三处黑子被围，都还剩1气。

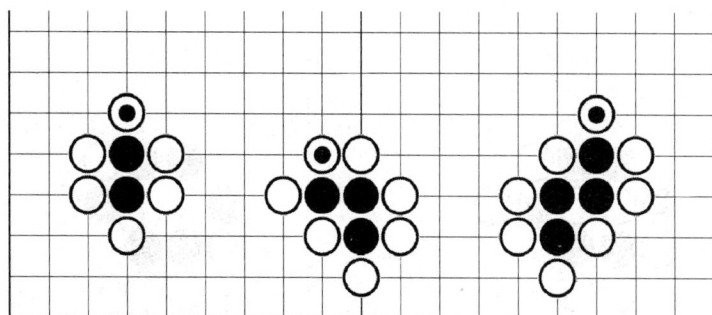

图：白◉走上后，就可立即提掉黑子。

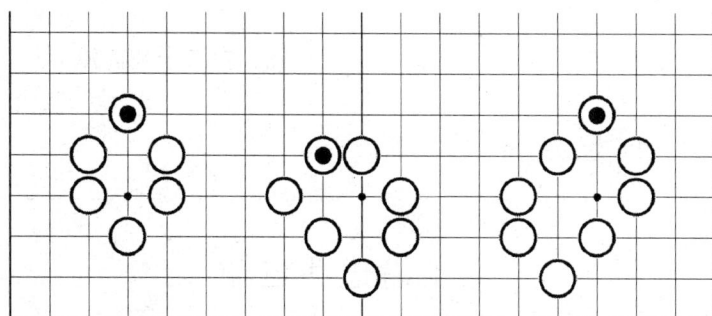

图：黑子被提掉了。

四、立即提子（及时提子）

初学者在练习"吃子"的混战中，常发生忘记或者没看见"提子"的情况。

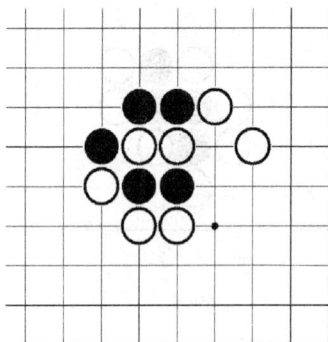

图：

两个白子还有 1 气，黑可立即提掉这两个白子。

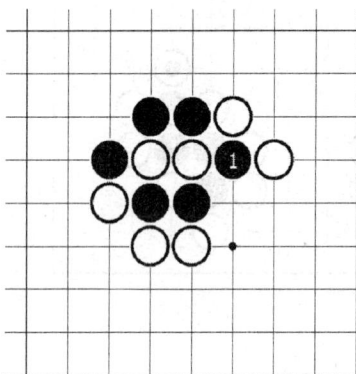

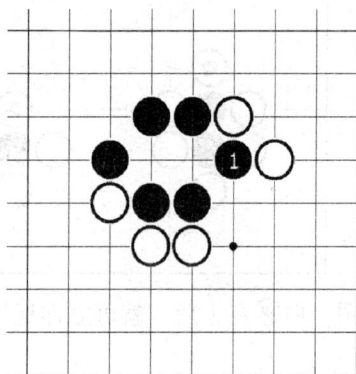

图：白二子被提掉了。

●○棋谚--

七子沿边活也输

意思是说：一般情况下，为了活棋在二路上爬得过多，即使做活也会导致局势的落后。特别是在布局阶段，更不能在二路上爬得过多。

●○

黑方忘记或者没看见"提子",结果会怎样?

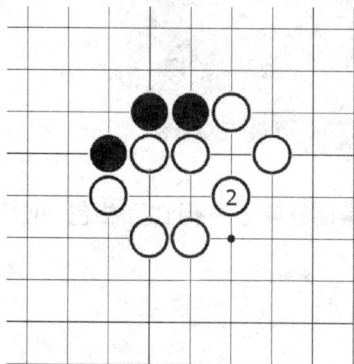

图:

现在走白②,会发生什么情况呢?

白方提掉黑子后的情况。这就是黑方没有立即提白子的后果。

与上图相比较,差别有多大呀!

● ○古诗

约 客

南宋 赵师秀

黄梅时节家家雨,青草池塘处处蛙。

有约不来过夜半,闲敲棋子落灯花。

第六章　劫和打劫

对于刚学会围棋的人来说，最大的乐趣就是能够吃子。但在互相包围吃子的过程中，常会遇到一种特殊的棋形："劫"。

一、同形再现

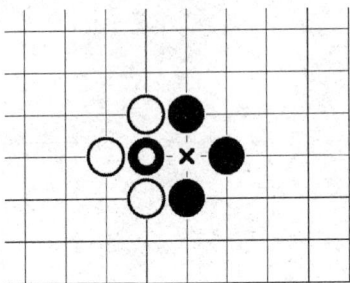

图：

黑●只有1气。

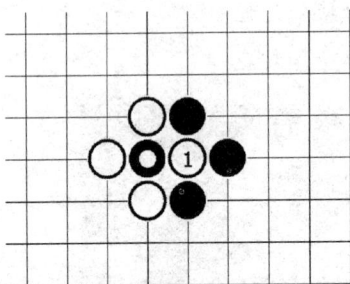

图：

白①投入，虽然自己没有气，但同时造成黑●也无气，白棋可以立即提掉无气的黑子。

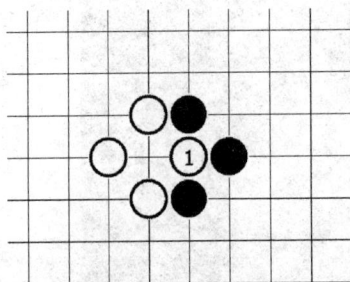

图：

黑无气之子被提掉了。

现在，我们会发现：白①也只有1气。

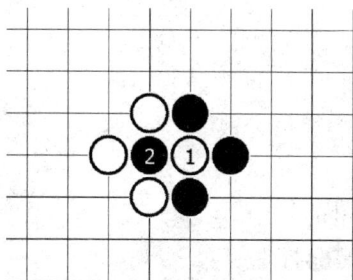

图：

此时，假如黑❷投入。

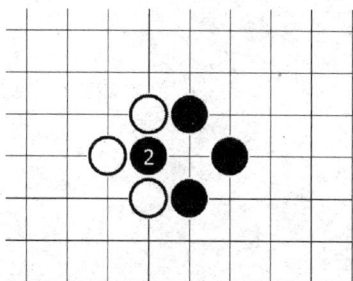

图：

白无气之子也会被提掉的。

至此，经过互相提子后，白方又面临着和之前相同的形状。

这种形状称为"劫"。如果白方再提子……双方互不相让地提来提去，这盘棋就无法进行了。

二、打劫

为了解决"劫"的争端，《围棋竞赛规则》在"禁止全局同形再现"中明确规定："禁止单劫立即回提。"

具体规定：甲方刚投子提掉乙方一子，而乙方又可提回刚投下的黑一子时，乙方不可以马上回提，要到别处去下一着，如果甲方也跟着在别处下一着，乙方才可以回提。称为"打劫"。

●○棋谚--------------------------------

入腹争正面

当棋局的焦点转移到中腹时，应首先抢占通往中央的道路。这样四通八达，不易受攻。同时要使对方不能畅通的进入中央，为攻击创造条件。

-------------------------------●○

1. 开劫。

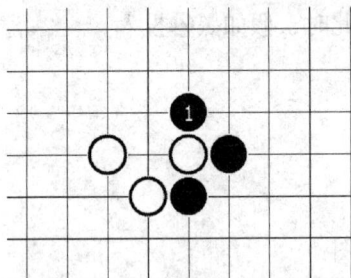

图：

黑❶打吃。

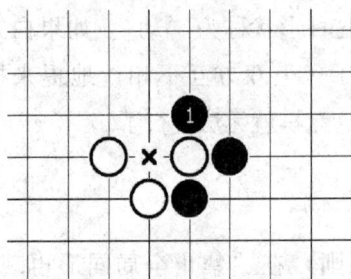

图：

白方如果在✕位接住就什么问题也没有了。

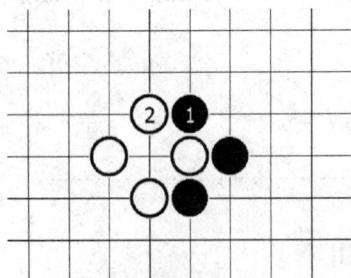

图：

但白方没有接，而是走白②，这样就会形成"劫"争。

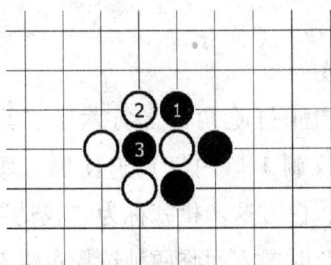

图：

黑❸提掉白一子。

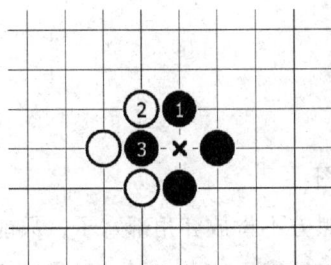

图：

白方无气之子被提掉了。

注意：这是第一次提子，也就是"开劫"，即开始打劫。

此图中，不难看出，白方也可以在✕位提掉黑❸这个刚下的棋子。

但是根据规则，白方不能立即回提。只能走✕位以外的地点。

2. 找劫（寻找"劫材"）。

白方要到别处走一步棋，而且还要使黑方也跟着在别处走一步棋，这就需要认真选择要走的地点。（因为黑方可能跟着白方走棋，也可能不跟着白方走棋）

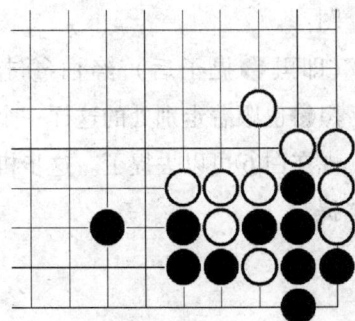

图：

（假如在这局棋的右下角有这样的棋形），白方在角部可以"找"到"打劫"用的"劫材"。

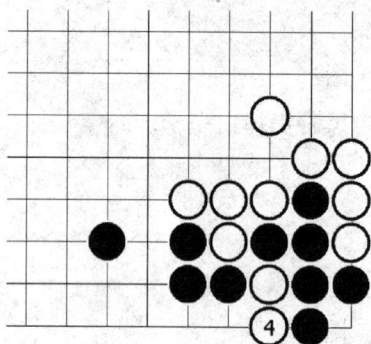

图：

白④打吃角部黑方六子（黑方六子仅剩1口内气）迫使黑方跟着走棋，白方这步棋就称为"找劫"。

此时黑方面临两种选择：跟着白棋走或不跟着白棋走。

3. 应劫。

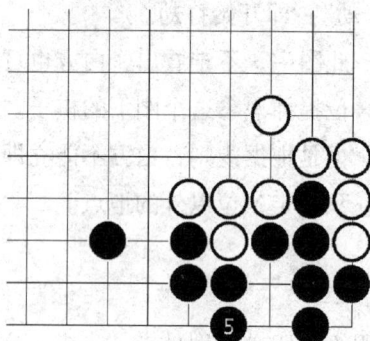

图：

黑方不肯放弃角部六子，只能跟着走，黑❺提掉白二子。黑❺这步棋就是"应劫"。

4. 提劫。

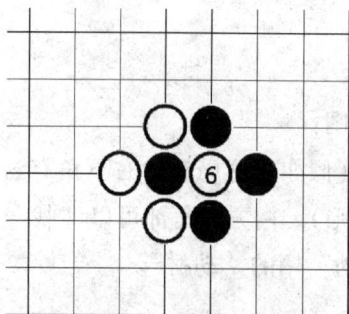

图：

（即黑❸提子后）经白④走别处，黑❺也跟着走别处的这样一个回合，现在白⑥可以去提了。这步棋称为"提劫"。

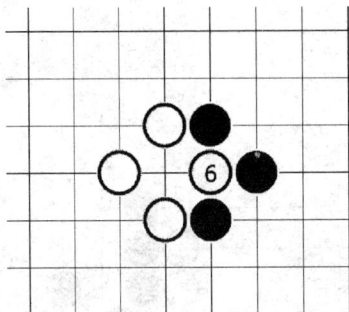

图：

黑子被提掉了。

此时，同样道理：黑❼不能立即回提白⑥这个子，也必须到别处去经过一个回合。

双方围绕提子展开的走棋过程，就称为"打劫"。

5. 消劫。

在"打劫"的过程中，如果一方没有必要或者没有可能再继续打劫时，打劫是可以结束的。

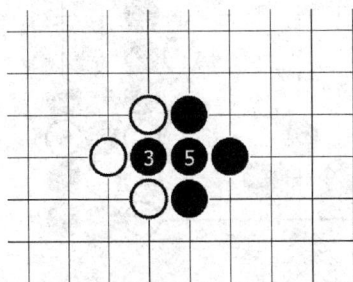

图：

当前面白④打劫时，黑❺不跟着走，而是直接在此图❺位接住。这里就没有打劫了。黑❺这步接住的棋称为"消劫"。

一局棋自始至终都可能出现"劫"。最小的劫争只关系到一个子，较大的劫可能关系到许多棋子的死活，甚至决定全局的胜负。

初学者一般怕"打劫"，但学不会打劫就学不好围棋。

我们以后会专题学习这一重要的作战手段。

三、打二还一（打几还一）

有一种棋形与劫相似，但性质完全不同。

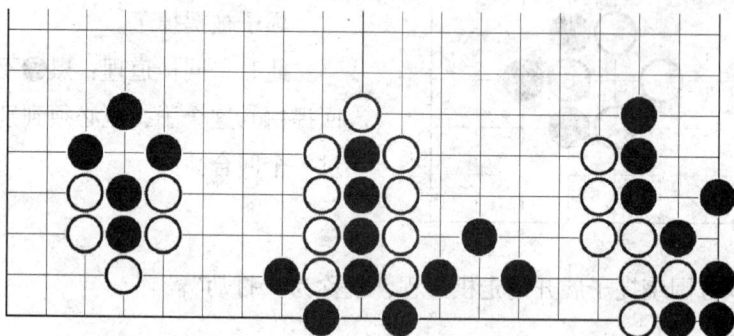

图：三部分，分别有两个、四个、三个黑子处于被打吃状态。

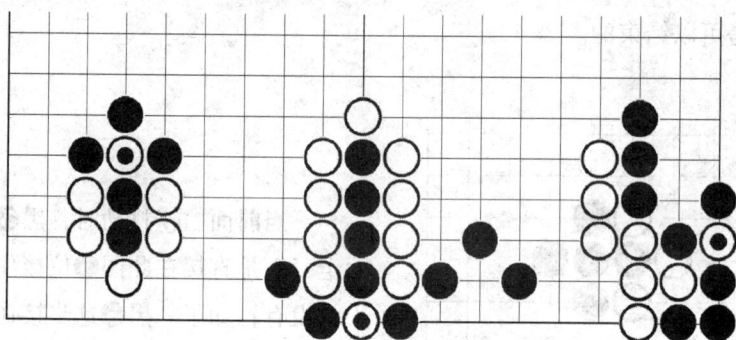

图：白方分别投入⊙位后，可以提掉黑子。

●○棋谚

三方无应莫存孤

当棋盘上没有自己棋子的策应时，千万不要留下不安定的孤棋。否则对方攻击起来就会占到很大便宜，甚至吃掉孤棋。

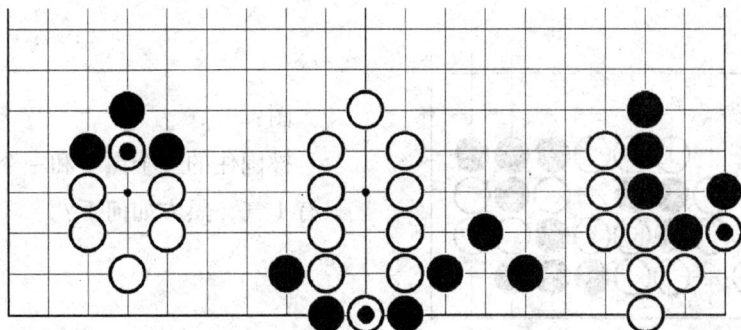

图：三部分黑子被提掉。**问题**：黑方是否可以立即回提吃白⊙子？

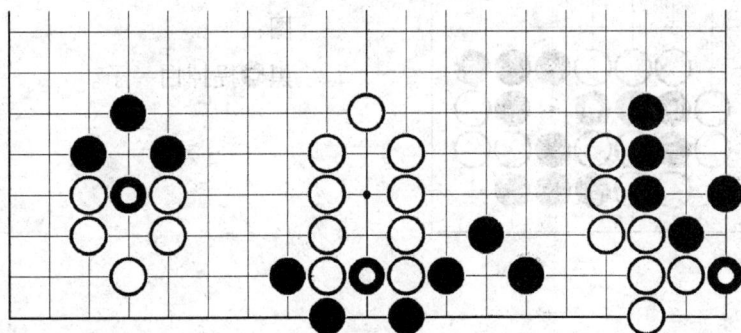

图：黑⬤投入，回提上图中的白⊙子。

提掉白⊙子后，黑⬤有 2 气，至此白方无棋子可提，也就是说不会形成"劫"的争夺。那么，黑⬤的立即回提是符合规则的。

根据首次提掉棋子的多少，这类情况称为：

"打"掉两个子，又"还"回一个子，称为："打二还一"；

"打"掉三个子，又"还"回一个子，称为："打三还一"；

"打"掉四个子，又"还"回一个子，称为："打四还一"；等等。

图：

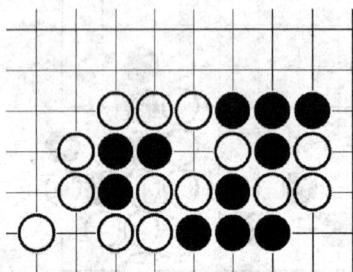

被围住的三个黑子和一个白子都只有 1 气，黑方如何下？

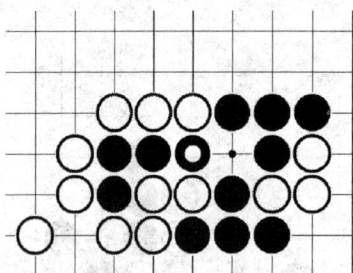

图：

黑●提掉白一子。

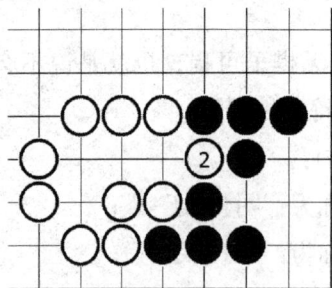

图：

白②随即提掉四个黑子。

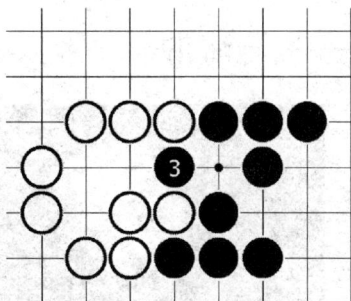

图：

黑❸可以随即再提掉白②这个子，至此双方再无子可提，棋形也没有出现"同形再现"。因此以上的立即回提都是允许的。

要点提示：

1. "打劫"是双方为单个棋子的争夺而产生的。所以，吃对方一个子时，要注意是否会引起"打劫"的纷争。

2. 一方提掉一个单子，另一方可以回提此子时，一定要注意：这是"打劫"，要隔一步才能回提，否则就是违规。

3. 在"打劫"中，须到别处走一步，要考虑迫使对方跟着自己也在别处走棋，以保证能够"提劫"。

4. "打二还一"等很容易和"打劫"混淆，要注意分辨。

●○古诗

观 棋

宋　苏东坡

五老峰前，白鹤遗址。长松荫庭，风日清美。

我时独游，不逢一士。谁欤棋者，户外屦二。

不闻人声，时闻落子。纹枰坐对，谁究此味。

空钩意钓，岂在鲂鲤。小儿近道，剥啄信指。

胜固欣然，败亦可喜。优哉游哉，聊复尔耳。

● ○

近代历史围棋人物——吴清源

吴清源，著名围棋大师。1914 年出生于福建福州，日籍华人。在同一时代将当时世界上所有超一流高手在没有贴目制的情况下全部打至降级，独霸棋坛几十年。晚年又将所有精力放在提携后进、促进围棋国际化和中国围棋的发展上，以毕生之体悟，融今古中华文化，提出"21 世纪围棋"的概念。

他对围棋的贡献主要有三：

一是提出新布局理论，使围棋布局理论焕然一新。

二是革新旧下法，创造了以大雪崩内拐为代表的许多吴清源定式。

三是提出"21 世纪围棋"概念。拓宽了棋手的思想境界。至此，完成了他从"一代战神"到"旷代宗师"的转变。

吴清源曾告诫弟子林海峰："追二兔不得一兔。"棋无止境，艺无止境，学无止境，惟日惟新，专注修为。正是凭借不断的修为，吴清源将自己的棋艺从技艺推向了哲学。

2014 年 5 月 8 日，吴清源百年诞辰荣膺北京市"特别荣誉奖"

2014 年 8 月 25 日，中国人民对外友好协会授予吴清源九段"和平发展贡献奖"

第七章 禁入点（禁着点）

所谓"禁入点"，必须同时具备两个条件：

1. 下子后，自己无气；

2. 也不能造成对方棋子无气。

同时具备这两条的地点，都是"禁入点"。

一、无气的地方

下图左边：黑子只剩 1 气了；右边：白①提掉了黑子。

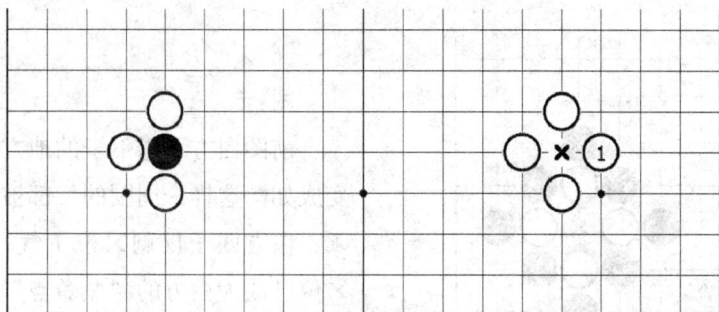

下图左边：盘上有三个白子；白①走上后，四个白子围住一个×位。

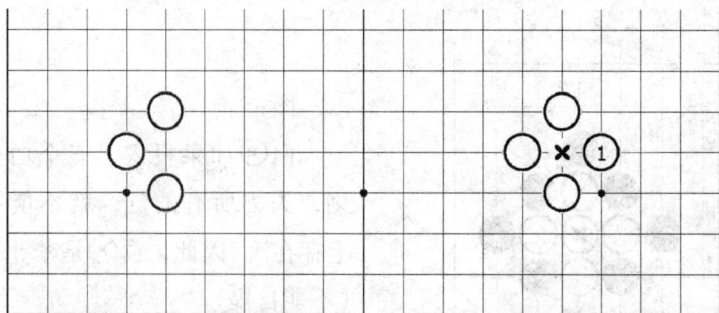

判断：上下图中右边的图形是一样的。其中×位是个"无气的地方"，也就是黑方现在不可投入的"禁入点"。

二、己方可下

上图右边图形中×位是黑方不可下子的地方。但是，白方自己是可以下子的。

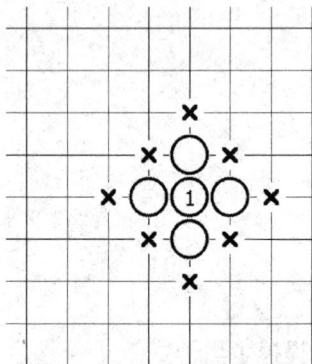

图：

白①投入后，把白子全部连接成一体。

×位表示出白五子共同的外气。

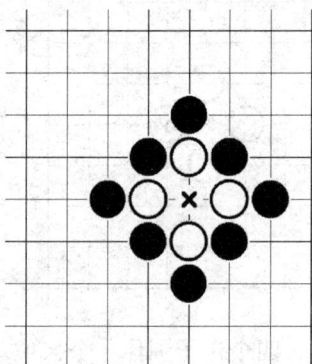

图：

前图白方可以下子的地方，如果变成如图这样，周围的气都被黑方占领，白方四子仅剩×位1气，此时，×位已成为白方的"禁着点"。

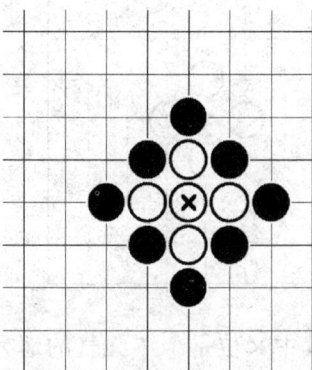

图：

白⊗如果投入，五个白子会立刻"失去所有的气，就不能在棋盘上存在"。因此，白⊗是禁止投入的（不能自提）。

三、提子可下

例一：

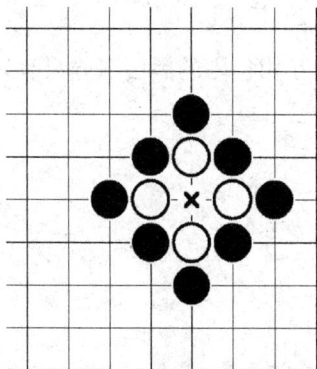

图：

四个白子中间的内气，现在白棋不可以下。那么黑方投入，结果会怎样呢？

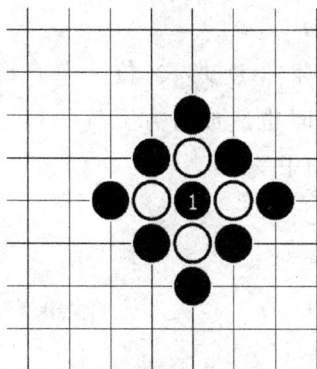

图：

黑❶投入后，"自己无气，同时也造成对方无气，可提掉对方棋子"，因此，黑❶是可下的，不是"禁入点"，而且可以提掉四个白子。

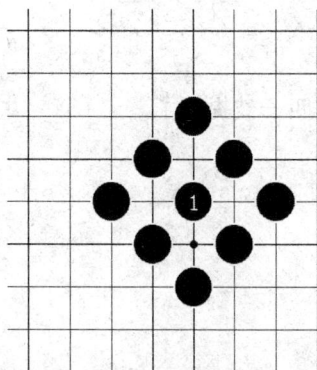

图：

白四子被提掉了。

例二：

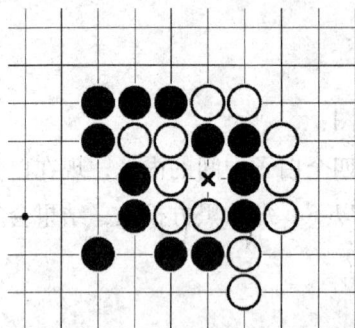

图：

被互相包围的黑白双方只有×位1公气。

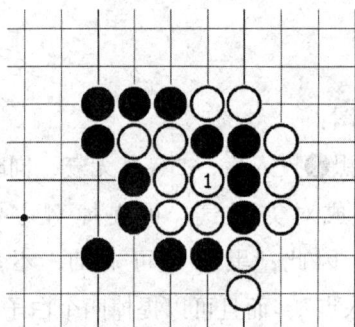

图：

如果白①投入×位，"自己无气，同时也造成对方无气"可以提掉黑棋四子。

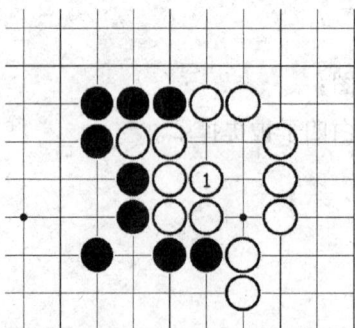

图：

黑四子被提掉了。

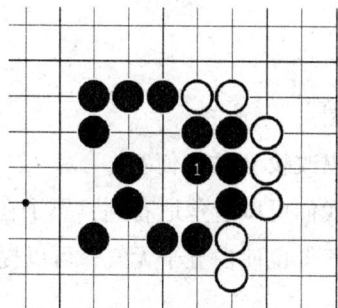

图：

如果黑❶先走，同样是："自己
无气，也使对方无气"，可以提掉白
方五子。

四、禁入点和提子的区别

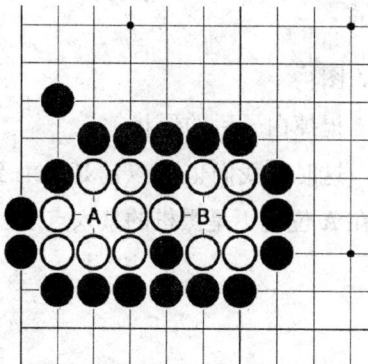

图：

被包围的白棋还有 A、B 两口内
气。要想吃掉白棋，黑走 A 位如何？

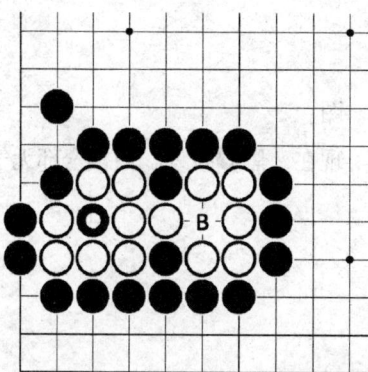

图：

黑⬤投入后，白棋还有 B 位 1
气，因而还不是死棋，但是下在 A
位的黑 ⬤ 却是无气的死子，不应
存在。

因此，A 位现在是黑棋的禁入点。

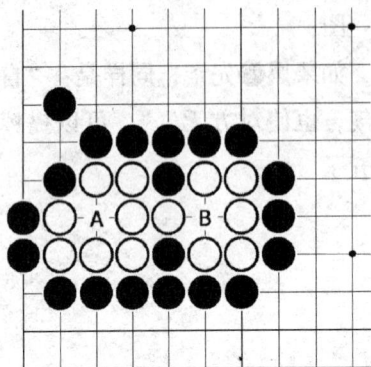

图：

黑改投 B 位如何？

我们可以清楚地看到：黑子在 B 位无气，也使白五子无气，可以提掉白五子。

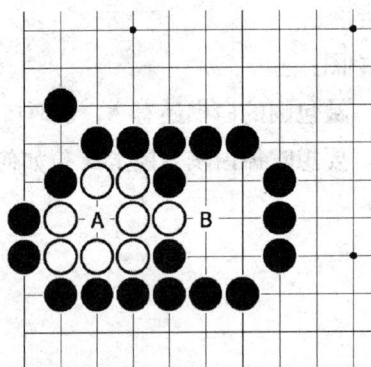

图：

提掉白子后的形状。

这时，我们也可以清楚地看到，现在 A 位也不是黑棋的禁入点了。

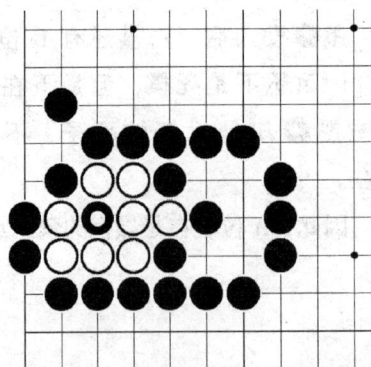

图：

现在，黑●投入，白棋全部无气。

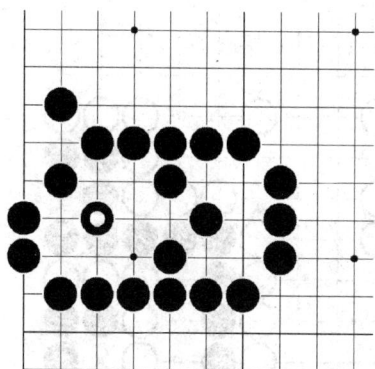

图：

全部白棋被提掉了。

由此看出，禁入点和提子之间的区别在于：

两种情况都存在时，要先考虑能否提掉部分棋子的问题。

五、误入"禁入点"

误入"禁入点"怎么办？

根据中国《围棋竞赛规则》规定："棋子下在禁入点上，着手无效，弃权一次。"

这就是说：如果不慎将"棋子下在禁着点上"，不仅刚下的棋子要取回来，不算数，而且还不能重新下，要"弃权"一步，让对方走一步棋。

例一：

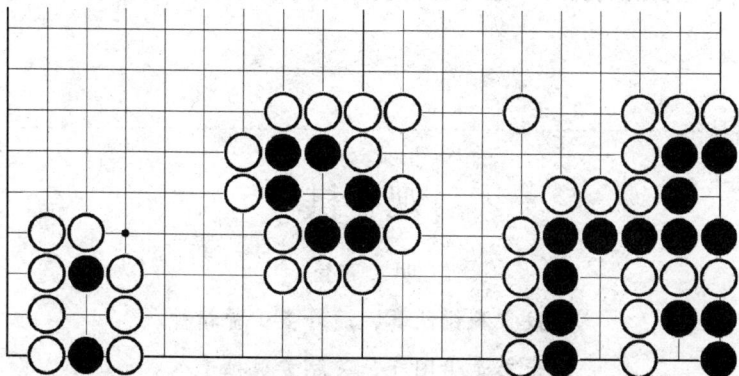

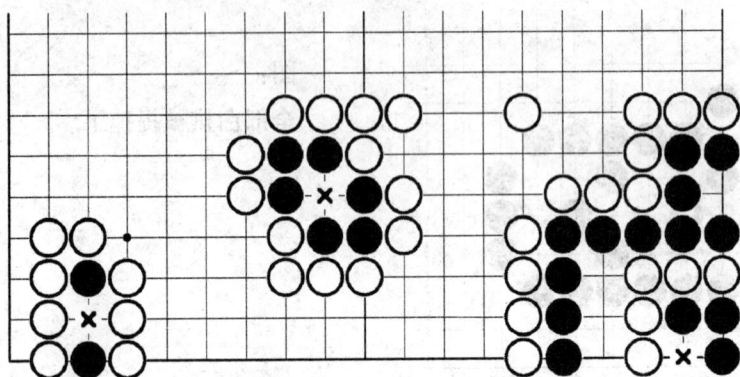

×位现在都是黑方的禁入点。

例二：

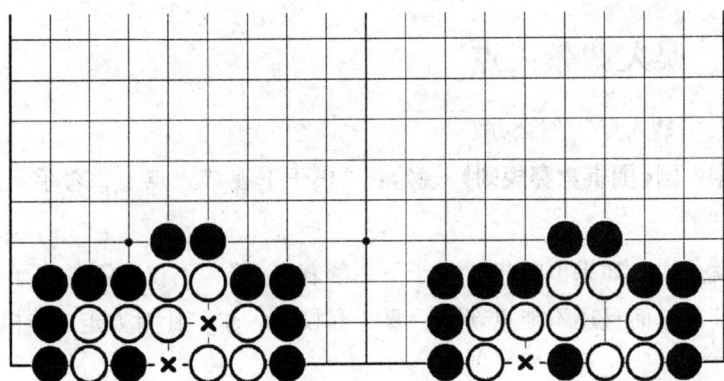

图中左右两块棋的×位现在都是黑方的禁入点。（请注意两图禁着点的差别）

●○古诗

观　棋

明　郭登

怕败贪赢错认真，运筹多少费精神。

看来总是争闲气，笑煞旁观袖手人。

●○

第八章 吃子方法（上）

一、吃边、角的子

例一：

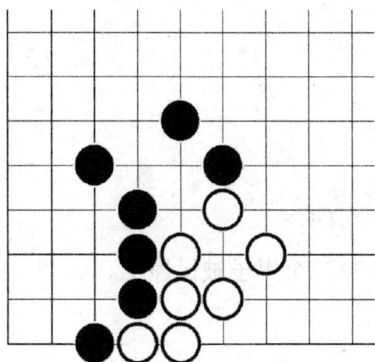

图：
下边线黑子仅有 2 气。

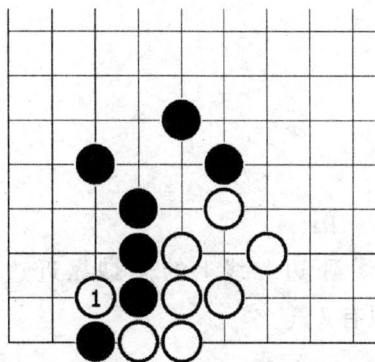

图：
白①打吃，方向正确，黑子不能逃。

图：

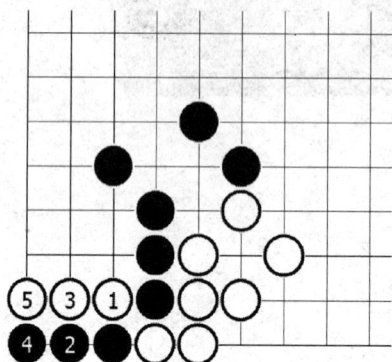

黑❷、❹强逃，被白③、⑤追吃。

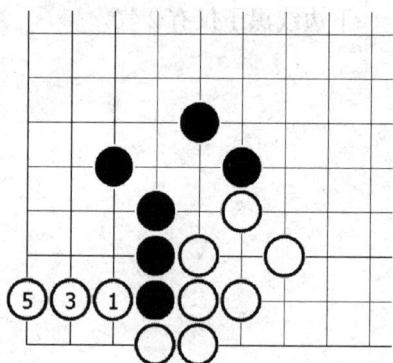

图：

三个黑子被提掉了。

例二：

图：

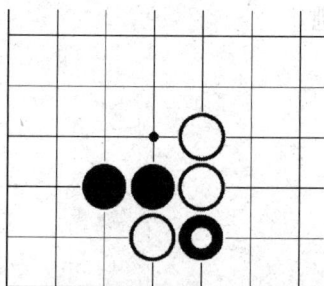

下边二线上的黑●靠近边线，只有2气。

图：

白①向边线打吃，方向正确。

图：

黑❷强逃到边线，没增加气，还是 2 气，白③再打，黑二子只剩 1 气，逃不掉了。

图：

白①如从边线打吃，是方向性错误。黑❷逃出，增至 3 气，白棋追不上了。

例三：

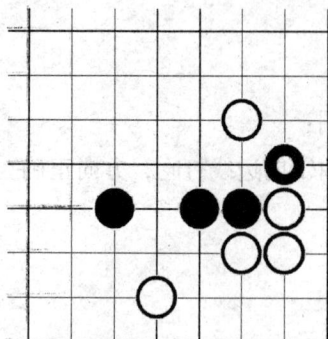

图：

右边三线和二线黑⬤之间连接有缺陷。

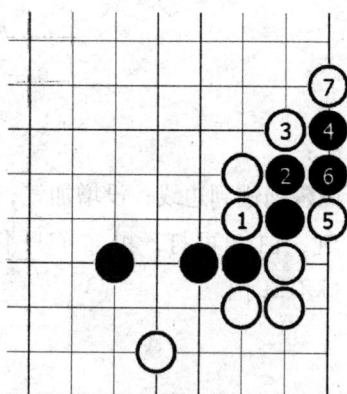

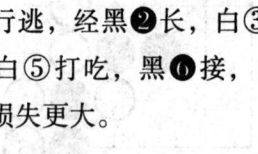

图：

白①将黑棋分断，黑二线子已成死子。

若强行逃，经黑❷长，白③扳，黑❶扳，白⑤打吃，黑❻接，白⑦提，黑方损失更大。

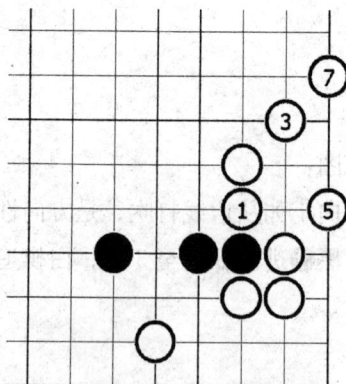

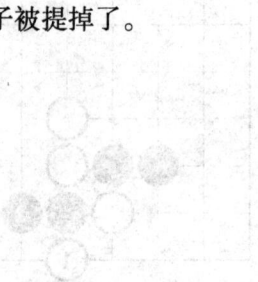

图：

黑四子被提掉了。

例四：

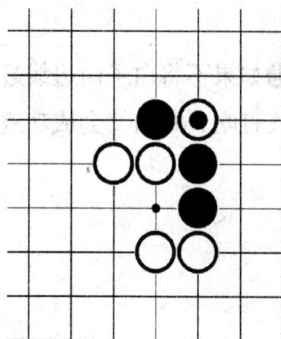

图：

白⊙分断黑棋，黑该如何应对？

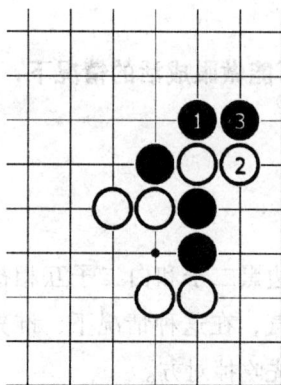

图：

黑❶将白子打向边线，是正确下法。黑❸挡，白已无路可逃。

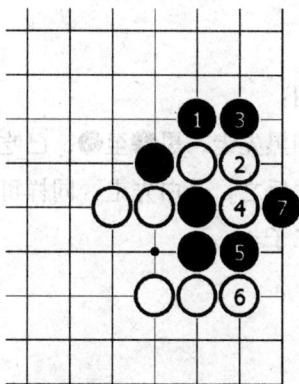

图：

白④硬逃，至黑❼还是要被吃掉。

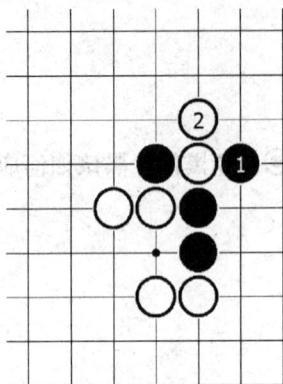

图：

黑❶如果不将白子向边线赶，而是从二线打吃，则白②会成功逃走。

二、紧气与长气

1. 在双方棋子互相包围，被围棋子都不可能做眼成活的情况下，就必须用紧气的手段来攻杀。

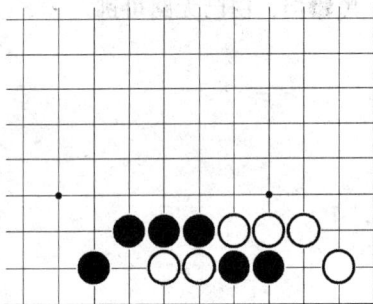

图：

下边黑二子和白二子互相被围，各有 3 气，在这种情况下，谁先走，谁就能先吃掉对方。

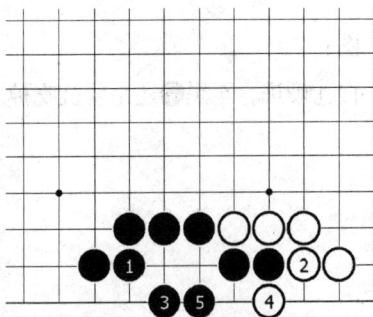

图：

如黑先走，黑❶至❺，已吃掉白二子。反之，若白先走，同样可以吃掉黑二子。

要点：气数相同，谁先动手谁获胜。

2. 在紧气过程中，如互相包围的棋子既有公气，又有外气，在紧气时必须牢记要先紧外气。

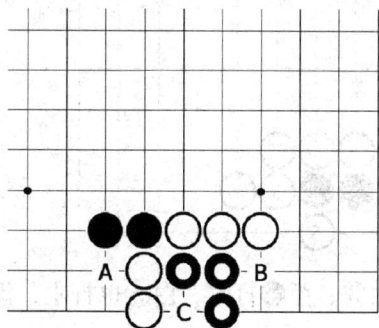

图：

下边白二子与黑●三子各有 2 外气，在 C 位有 1 公气，此时不论谁先紧气，一定要先紧外气，则可获胜。

如果先紧公气，结果适得其反，先紧气者败。

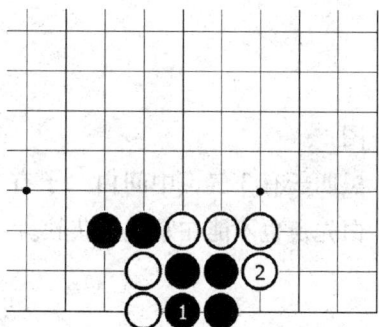

图：

黑❶先紧公气，白②即是打吃，黑四子剩 1 气，而白二子还有 2 气，黑败。

3. 当互围双方棋子在外气数目不等，而且无公气的情况下，气数多的一方稳操胜券，可不着急紧气。

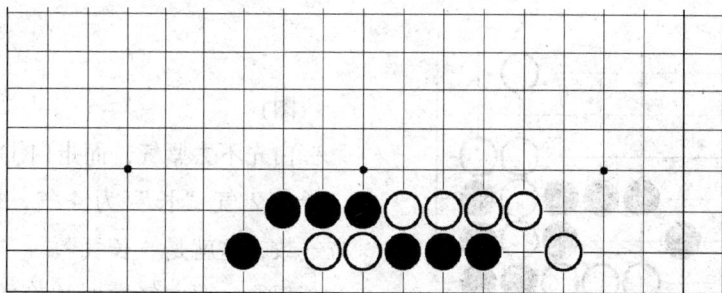

图：白二子有 3 气，黑三子有 4 气，此时若黑先行，可不急于去紧气，而可在其他要处走棋，这边待白方动手后，再回来紧气不迟。

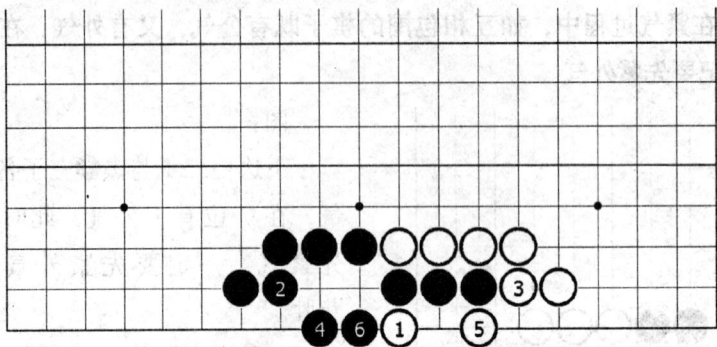

图：白①动手紧气，黑❷跟着紧气，白③、黑❹打吃，白⑤也打吃，黑❻提掉白二子，白方失败。

4. 在紧气吃时，要注意"长气"。

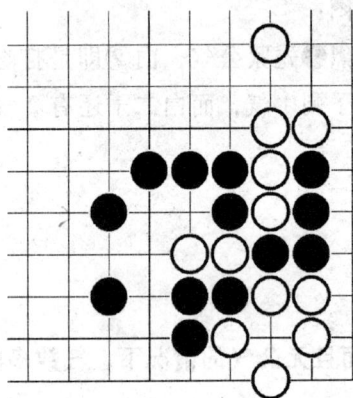

图：

黑四子有 3 气，中间白二子有 2 气，白先走也不能在紧气中获胜。

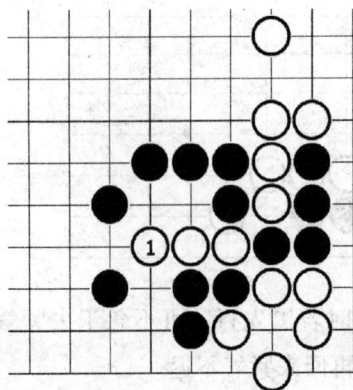

图：

白先不去紧气，而走白①，使白二子由 2 气"长"为 4 气，超过黑方气数，这就是"长气"。

现在，双方气数对比有了变化：白三子有 4 气，黑四子仍然是 3 气，虽然轮到黑方先走，也不能取胜了。

●○

围棋运动员技术等级标准

一、国际级运动健将

凡符合下列条件之一者，可申请授予国际级运动健将称号：

（一）世界智力运动会、世界职业围棋锦标赛个人前 8 名，团体前 2 名；

（二）三星杯世界围棋大师赛个人前 8 名；

（三）亚洲室内运动会个人、混双前 2 名。

二、运动健将

凡符合下列条件之一者，可申请授予运动健将称号：

（一）世界智力运动会个人第 9~16 名，团体第 3~4 名，青少年组前 6 名；

（二）世界职业围棋赛个人第 9~16 名，团体第 3~4 名；

（三）三星杯世界围棋大师赛个人第 9~16 名；

（四）亚洲室内运动会个人、混双第 3~6 名；

（五）全国智力运动会个人前 16 名，团体前 4 名，青少年组个人前 3 名；

（六）全国围棋锦标赛职业甲级组个人前 16 名，团体前 4 名。

三、一级运动员

凡符合下列条件之一者，可申请授予一级运动员称号：

（一）全国智力运动会个人第 17~32 名，团体第 5~8 名；青少年组个人第 4~16 名。

（二）全国围棋锦标赛：

1. 职业甲级组：个人第 17~32 名，男子团体第 5~12 名，女子团体第 5~8 名；

2. 业余组：个人前 16 名，团体前 8 名；

3. 少年（U16）组：个人前 6 名；

4. 儿童（U12）组：个人前 3 名。

（三）全国业余围棋公开赛个人前 16 名，团体前 8 名。

四、二级运动员

凡符合下列条件之一者，可申请授予二级运动员称号：

（一）全国围棋锦标赛：

1. 职业甲级组：个人第 33~64 名；

2. 乙级组：团体前 8 名；

3. 业余组：个人第 17~64 名，团体第 9~16 名；

4. 少年组（U16）组：个人第 7~24 名；

5. 儿童组（U12）组：个人第 4~8 名。

（二）全国业余围棋公开赛个人第 17~128 名，团体第 9~16 名。

五、三级运动员

凡符合下列条件之一者，可申请授予三级运动员称号：

（一）全国围棋锦标赛业余组个人第 65~128 名，团体第 17~32 名；

（二）全国业余围棋公开赛个人第 129~256 名，团体第 17~32 名；

（三）省（区、市）体育局主办的个人锦标赛前 32 名；

（四）省（区、市）体育局主办的少年个人锦标赛前 16 名；

（五）市（地、州、盟）体育行政部门主办的个人锦标赛前 6 名。

注：1. 可以授予等级称号的小项（以下小项外的其他小项不得授予等级称号）：

男子、女子：个人、团体；

混合：双人。

2. 上述比赛须至少有 8 人（对、队）上场比赛方可授予等级称号。

3. 上述比赛未明确组别的，则仅最高水平组别可授予等级称号。

4. 世界职业围棋锦标赛的具体比赛认定：

（1）男子团体为世界围棋团体赛；

（2）女子团体为葛玄华顶茶业杯世界女子围棋团体赛；

（3）男子个人为百灵爱透杯和梦百合杯世界围棋公开赛；

（4）女子个人为穹窿山兵圣杯世界女子围棋赛。

5. 全国围棋锦标赛的具体比赛认定：

（1）职业甲级组男子团体为全国围棋甲级联赛；

（2）职业甲级组女子团体为全国女子围棋甲级联赛；

（3）业余组男子团体、个人为晚报杯全国业余围棋赛；

（4）业余组女子个人为全国围棋段位赛女子定段组。

2014 年 1 月 1 日

●○成语

棋逢对手

最早见于《晋书·谢安传》："安常棋劣于玄，是日玄惧，便为敌手而又不胜。"

又见于唐代杜荀鹤《观棋》诗："有时逢敌手，对局到深更。"

《唐诗纪事》卷七十七也记载了晚唐时期，有位名叫释尚颜的和尚非常喜欢下围棋。他的棋友姑苏诗人陆龟蒙怀才不遇，隐居松江莆里，释尚颜时常想念这位棋友，曾作诗道："事厄伤心否，棋逢对手无？"

赵宋僧人释普济所撰《台州护国此庵景元禅师》一文中也有"棋逢对手难藏行，诗到重吟始见功"的诗句。

●○

第九章 吃子方法（下）

一、关门吃

例一：

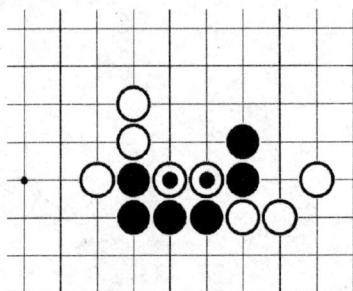

图：

白◉二子只有2气。

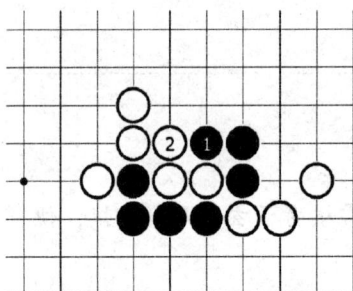

图：

黑❶打吃，白②接住。黑棋没有收获。

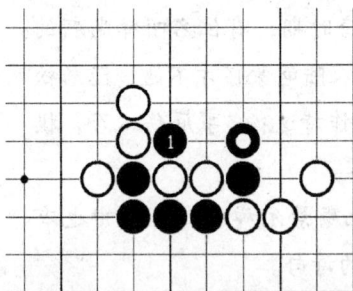

图：

黑❶换个地方打吃，白二子逃不掉了。黑❶和黑◖像两扇门要关闭了。所以，黑❶被形象地叫作"关门吃"。

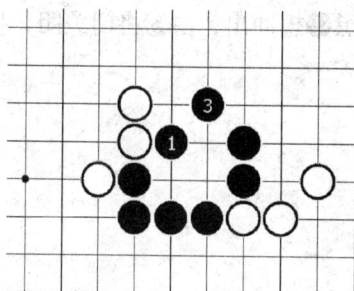

图：

白②还要向外冲，还没出门，就被黑❸提掉。

例二：

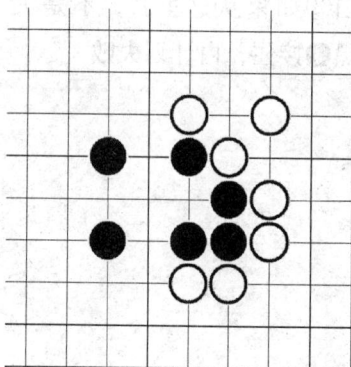

图：

白方如何吃掉黑方的这块棋？

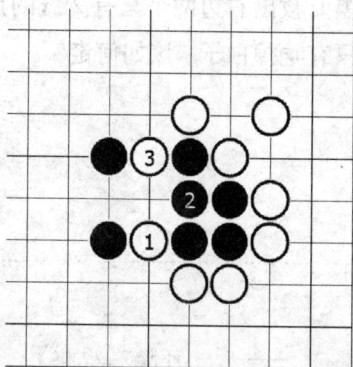

图：

白①打吃黑三子，黑❷接，则白③可关门吃黑五子。

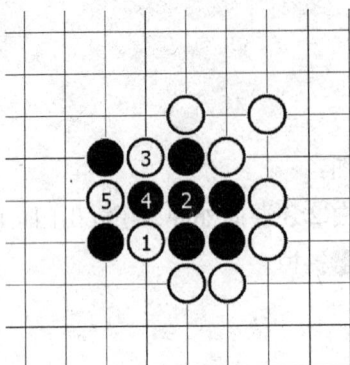

图：

黑❹想冲出，白⑤将门关闭，提掉黑六子。

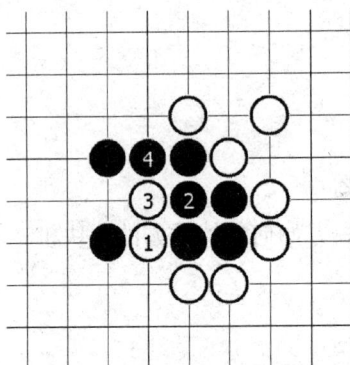

图：

白③如果从这里打，不是关门吃，黑❹接住，白计划失败。

例三：

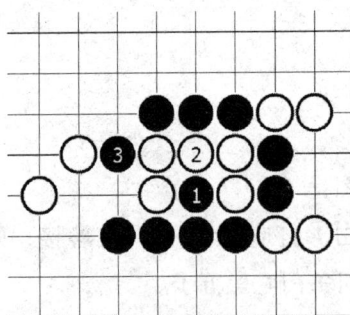

图：

黑要救出右边两个只有2气的黑子，只有吃掉白子，该如何走？

二、双打

例一：

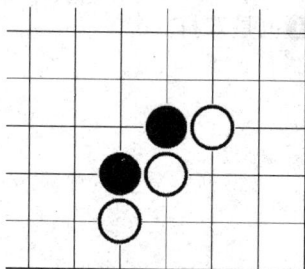

图：

图中两个黑子都只有 2 气。

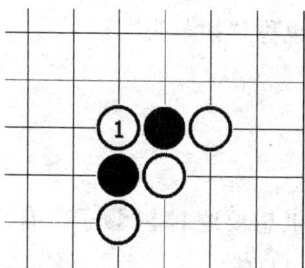

图：

白①后，两颗黑子同时被打吃，无论怎样走，都会被吃掉一个。

白①就是"双打"。

例二：

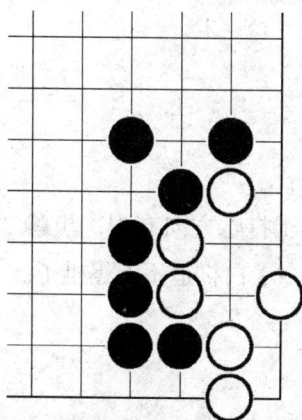

图：

角部白棋有缺陷。

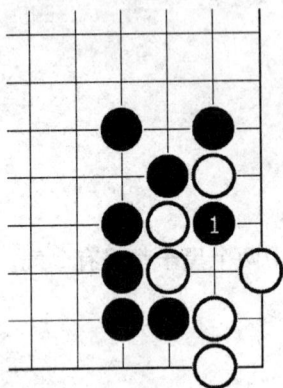

图：

黑❶抓住时机同时打吃两部分白子，黑❶也是双打。

三、征（扭羊头）

这是一种特殊的吃子手段。称为："征"，也称"扭羊头"。

例一：

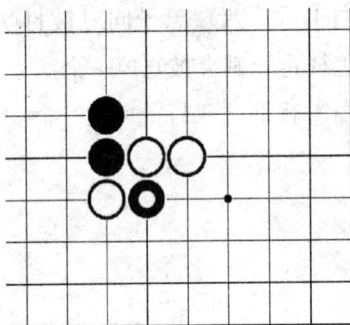

图：

白棋想要吃掉黑⚫子，有两个方向可以打吃。

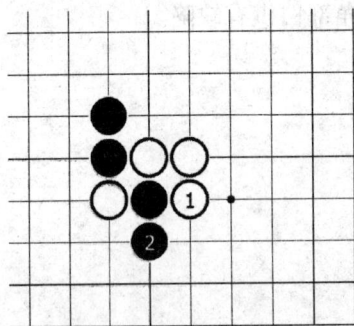

图：

白①打吃方向有误。黑❷ "长" 出成 3 气，白棋追不上黑棋了。

图：

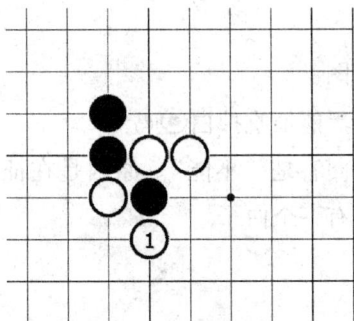

白①换个方向打吃，黑●子已无法逃脱。

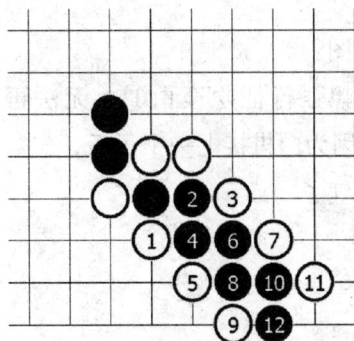

图：

黑若强逃，至白 11，经过白方反复连续扭打，黑棋将被全部围歼。

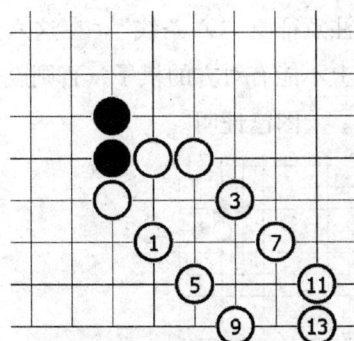

图：

黑子被提掉后的形状。

例二：

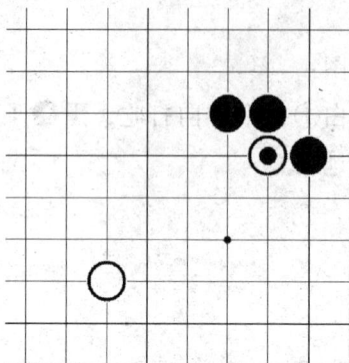

图：

黑能征吃掉白⊙吗？

回答是"不能"。原因是在征子途中有一个白子。

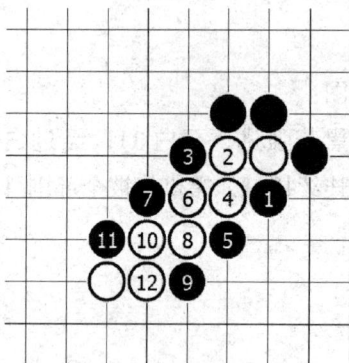

图：

黑强行征吃至白⑫，无法再征了，因为白棋接上一个子后，气数增至3气了。

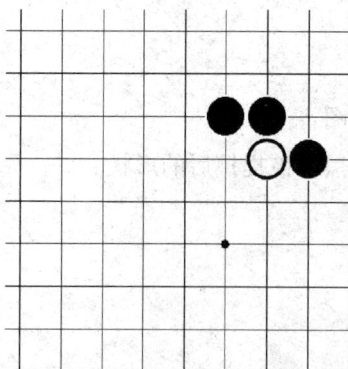

图：

注意征吃"六条线"。在这六条斜线上不能有对方的棋子，否则就会失败。上图已证明。

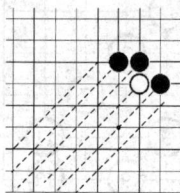

初学者要在棋盘上反复摆棋练习后，才能准确应用。

四、封吃

在围棋术语中又名"枷吃"，可有效地于方阵之中围困住对方的棋子，使其无法逃脱。有趣之处是，在"征吃"手段不能奏效时，"枷吃"的手段往往会马到成功。

封的特点是虚罩，不和对方棋子接触。

例一：

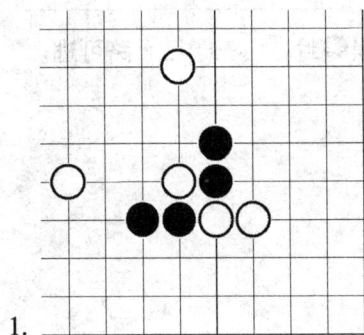

1.

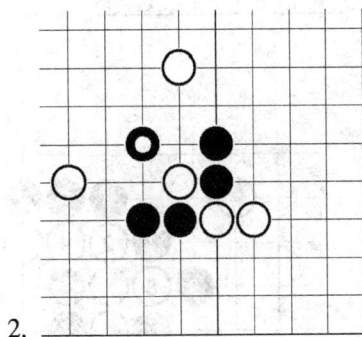

2.

例二：

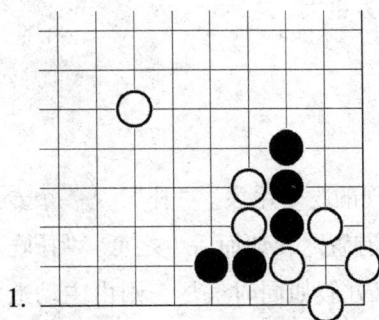

1.

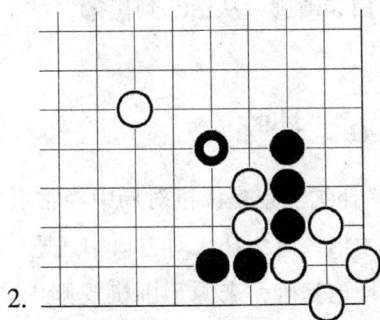

2.

例三：

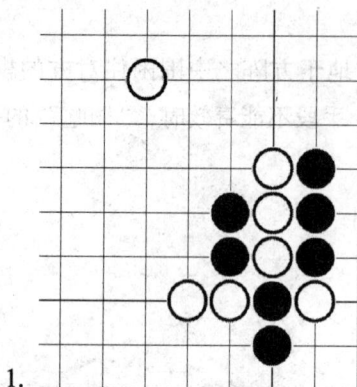

1.

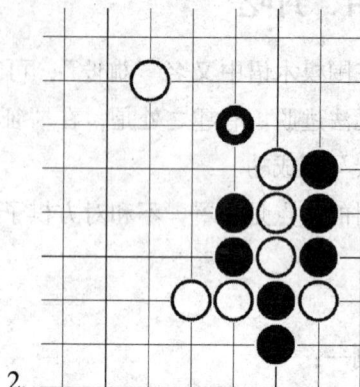

2.

黑〇封，白三子已无路可逃。

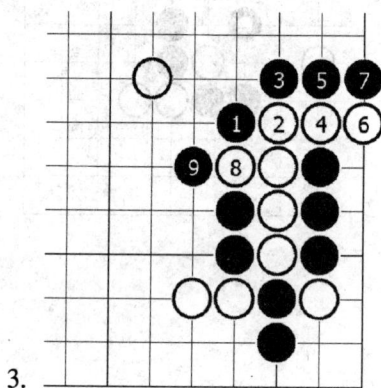

3.

白如硬逃，从白②到黑❾，结果损失更大。

五、扑吃

"扑吃"也是围棋对局中经常会出现的吃子手段。"扑"是一个专用的围棋术语，意为扑入对方口中送吃，含有置之死地而后生之意。"扑吃"手段的理论基础，来源于围棋规则中"双方假如同时气尽，则由主动造成这一状态的一方提取对方气尽之子"这条规定。

例一：

1.

2.

3.

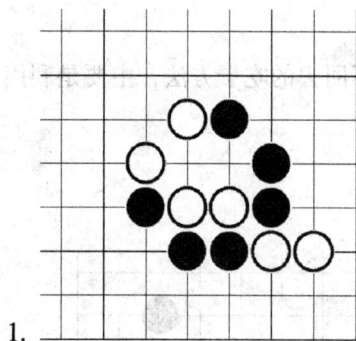

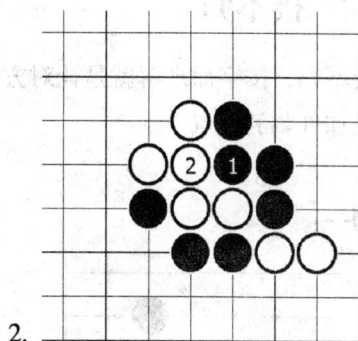

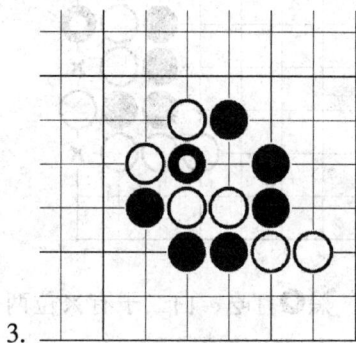

黑●送子给白方吃，然后吃掉更多白子的杀棋手段，围棋术语中叫作"倒扑"。

例二：

1.

2.

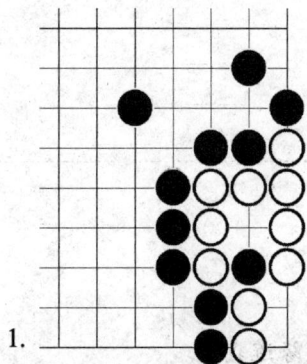

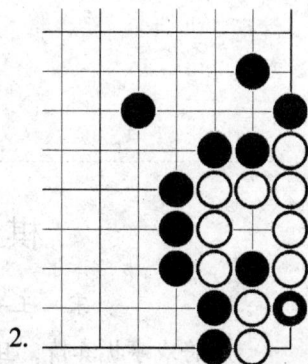

黑●子投入后白棋无论提掉哪个黑子，都会被黑方再投入后提掉白棋一部分。类似黑●棋这样的杀棋手段，在围棋术语中叫作"双倒扑"。

六、接不归

接不归，按字面理解就是让对方连不回去的吃子方法，主要是利用对方的断点和气紧的特点。

例一：

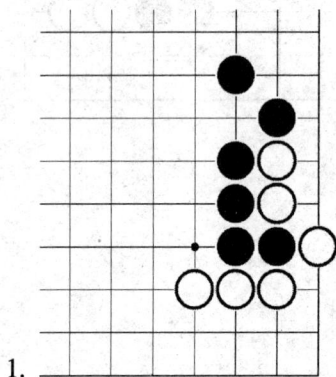

1.

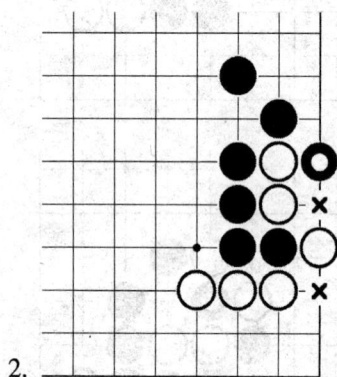

2.

黑●打吃，白二子有×位两个断点，白已不能接回。

出现接不归时，很多都是与扑相关的。

●○古诗

棋

宋　王安石

莫将戏事扰真情，且可随缘道我赢。

战罢两奁分白黑，一枰何处有亏成。

例二：

1.

2.

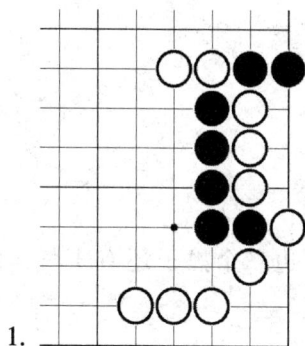

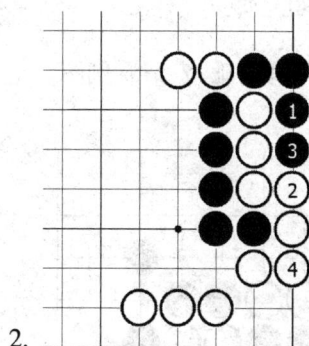

黑❶紧气，白②接住，黑❸叫吃，白④接住平安无事。

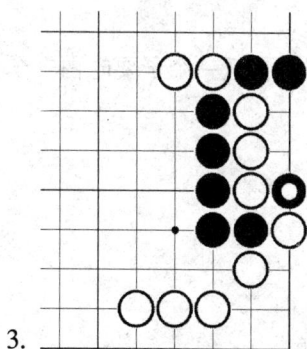

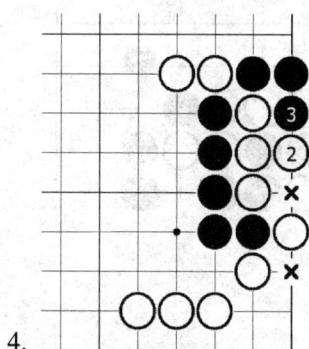

3.

4.

黑❶先扑，白提子后，黑❸再叫吃，白四子无法接回。

日长来此消闲兴，一局楸枰对手敲。

——明　唐伯虎《题画诗四首之二》

●○

七、倒脱靴

什么叫"倒脱靴"？请看例图。

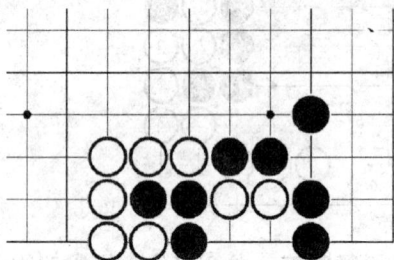

图：

下边三个黑子还有 1 气，已是死子。

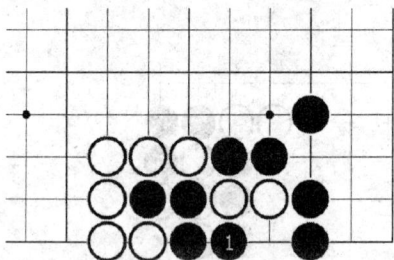

图：

黑❶再送一个子要吃白二子。

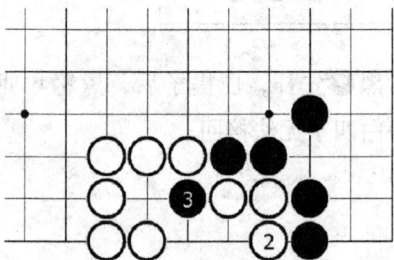

图：

白②提掉黑四子，黑❸打吃回三个白子。这种先送吃多子（最少四子）后再吃回多子的方法就叫"倒脱靴"。

这种下法主要用于攻杀和死活棋之中，变化比较复杂。

●○

中国围棋协会简介

中国围棋协会于 1962 年正式成立，是全国性群众体育组织，中华全国体育总会的团体会员，总部设在北京。最高权力机构是全国委员会，常务委员会是执行机构，秘书处负责日常工作。

下设：技术、裁判、宣传、会员等 4 个专项委员会。

职能是：研究制订发展计划、竞赛训练规定以及竞赛规程和规则，推动普及围棋运动；制定管理全国围棋法规；审批职业棋手、业余棋手及裁判员的技术等级；选拔、推荐国家队及集训队运动员、教练员等。

中国围棋协会是具有独立法人资格的全国性群众体育社会团体；是中华全国体育总会的团体会员。本协会由围棋管理人员、职业棋手、业余棋手及全国围棋单位自愿组成，是非营利性的，具有专业性的社会群众团体。

中国围棋协会的宗旨是热爱祖国，热爱人民。遵守中华人民共和国宪法、法律、法规和国家有关政策。团结全国热爱围棋事业的人士，为普及围棋，提高技术水平而努力。与新闻媒介密切配合，实施全民健身计划，使围棋更好地为人民大众服务。中国围棋协会积极发展与国际围棋组织和各国围棋组织的友好联系，通过围棋增进各国人民的友好交流。

第一任中国围棋协会名誉主席为陈毅，任期为 1962~1971 年。

第二任中国围棋协会名誉主席为方毅，任期为 1971~1998 年。

第一任中国围棋协会主席为李梦华（原国家体委主任，中华全国体育总会主席），任期为 1962~1988 年。

第二任中国围棋协会主席为陈祖德，任期为 1988~2006 年。

第三任中国围棋协会主席为王汝南，任期为 2006 年至今。

第十章　三项注意

在学棋的初级阶段，谁都喜欢吃子，总想将对方的棋子吃光。然而，这很难做到，也没有必要做到。因此，在实战中要经常提醒自己：

一、不贪吃

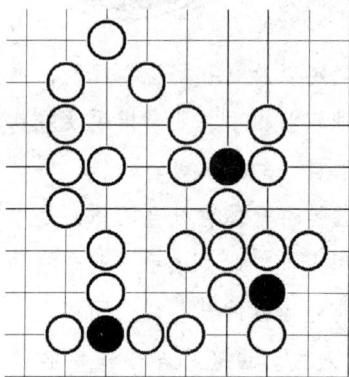

图：

一场大战之后，盘上还有三个黑子，这三个黑子都还有1气。

但是，仔细观察会发现，这三个黑子都已处于白方严密的包围之中，成了俘虏，难以逃脱。

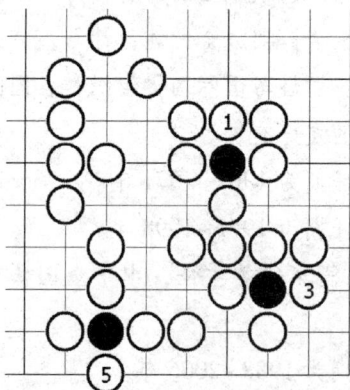

图：

白方可以用①、③、⑤三个子分别提掉三个黑子。

问题是，黑方的❷、❹、❻三子到哪儿去了？显然，黑方放弃了这三子。

现在来看，白方得到了什么呢？

提掉了黑的三个废子，自己并没有增加更多的地域。

要点：不必去提掉对方已经逃不掉的废子。

二、不宜逃

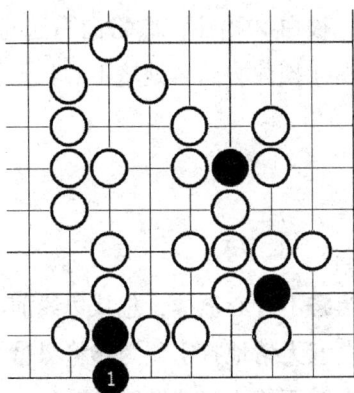

图：

下边的黑子，如果黑方恋子不愿放弃，试图逃脱，而用黑❶接应，使黑子由1气增加到2气，会是什么结果呢？

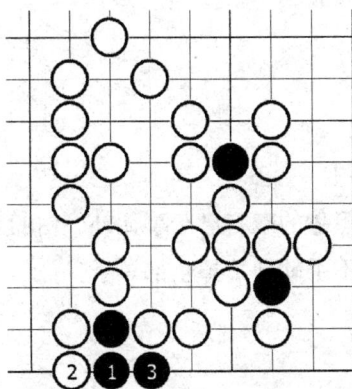

图：

黑❶后，经白②、黑❸的应接，三个黑子还是只有1气。

现在是原有的黑子没有救出来，又陪进两个子。（局面中另两个黑子也是如此）

这说明：废子不宜逃。

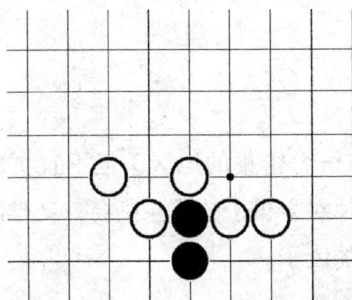

图：

两个黑子已陷入白棋重围之中，尚有3气。还能不能逃跑呢？

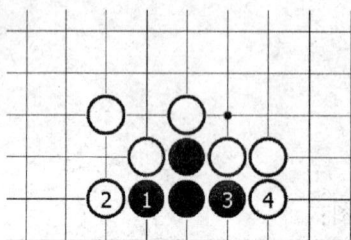

图：

黑❶开始帮两个黑子突围，向左边逃，被白②挡住，黑❸向右边逃，又被白④挡住去路，处境不妙！

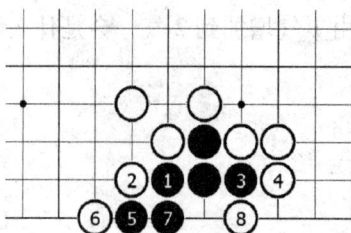

图：

黑❺不甘心被擒，想从边线溜出去，白⑥无情地打吃，黑❼将黑❺接回，白⑧不依不饶地继续进攻！

至此，全体黑子已陷入灭顶之灾。

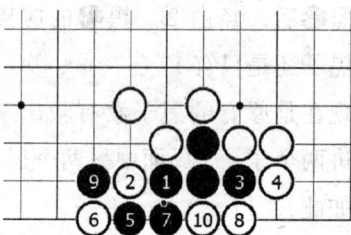

图：

黑❾的双打已于事无补，白⑩可以毫不手软地提掉全部黑子！

通过以上两个例子，我们可以看出，已陷入对方包围的棋子不能轻易向外逃，否则会造成更大的损失。

三、不自投

与"废子不宜逃"的道理一样，在对方子力密集的地区，也不宜贸然进入，否则会使自己投入的兵力陷入既无吃掉对方棋子的战斗机会，又难以逃出重重包围，面临被歼灭困境，成为没用的废子。

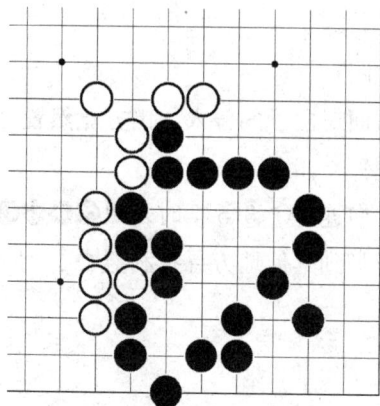

图：

密集的黑阵中间和边角地带有许多空点，白方是否可以投入呢？

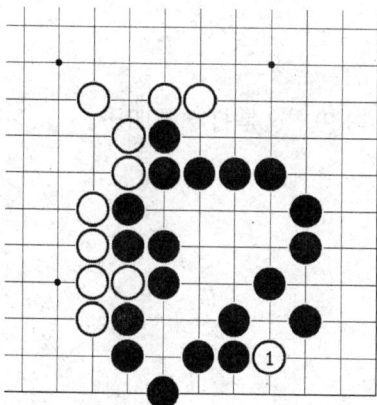

图：

白①投入黑阵中，虽然有3气不会被提掉，但它对周边黑子毫无威胁，此时又不可能逃出黑棋的包围，因此，白①实际上是一个废子。

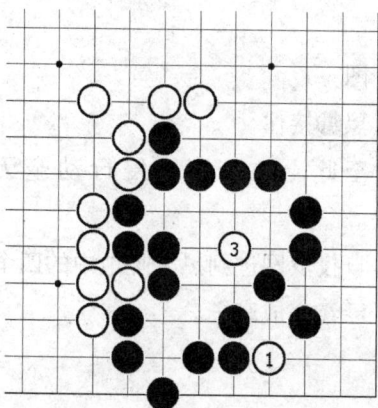

图：

上图白棋选择投入地点不佳，现在白③另换地点，继续投入黑方阵地如何？

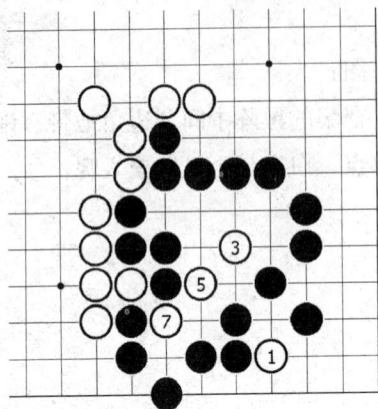

图：

面对白子的侵入，黑方竟然置之不理！

白连走①③⑤⑦时，黑❷❹❻❽四子却到其他地方寻找利益去了。

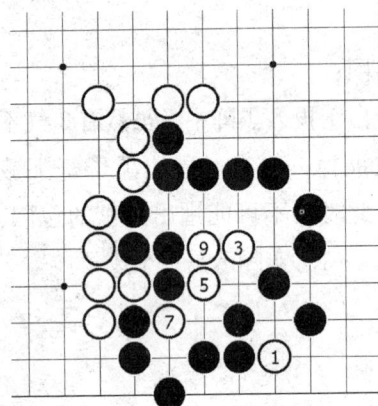

图：

白⑨，这是打吃黑四子。

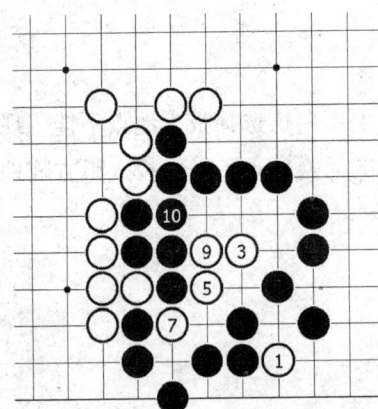

图：

黑❿接住。

至此，白方的入侵行动毫无收获。

自投罗网进到黑方阵地中的四个白子已经变成废子。

小结：

初学者贪恋"吃子"是学棋的兴趣所在，也是学棋必然经过的一个阶段。

在长期教学实践中，看到有些初学者"贪吃"心态严重，以至于较长时间地影响其深入学习。

当然，要做到"不贪吃、不要逃、不自投"，前提是必须学会识别棋子的生存状况，这需要在实践中逐步学习、逐步提高。

中国围棋职业棋手等级分

（2015 年 4 月）

排位	棋手名	等级分	排位	棋手名	等级分
1	时　越	2694	2	柯　洁	2663
3	芈昱廷	2652	4	古　力	2649
5	江维杰	2644	6	唐韦星	2639
7	周睿羊	2635	8	陈耀烨	2633
9	柁嘉熹	2623	10	连　笑	2610
10	范廷钰	2610	12	王　檄	2604
13	杨鼎新	2596	14	邱　峻	2594
15	檀　啸	2592	16	钟文靖	2573
17	彭立尧	2569	18	古灵益	2561
19	李轩豪	2558	20	李钦诚	2538
20	范蕴若	2538	20	朴文垚	2538
23	童梦成	2534	24	蔡　竞	2533
25	邬光亚	2527	26	周贺玺	2525
27	孟泰龄	2524	27	周鹤洋	2524
29	谢　赫	2521	30	张　涛	2520
30	廖行文	2520	32	刘　星	2518
33	毛睿龙	2512	34	胡耀宇	2510
35	李　喆	2507	35	牛雨田	2507
37	安冬旭	2502	38	孔　杰	2498
39	黄云嵩	2495	40	谢尔豪	2494

排位	棋手名	等级分	排位	棋手名	等级分
41	朱元豪	2484	41	王昊洋	2484
43	彭荃	2481	44	党毅飞	2478
45	王垚	2471	46	李铭	2470
47	孙腾宇	2469	48	陶欣然	2465
49	汪涛	2463	50	胡跃峰	2460
51	常昊	2459	52	李康	2457
53	俞斌	2453	53	严欢	2453
55	张立	2450	55	赵晨宇	2450
57	王磊	2449	58	罗洗河	2447
59	丁伟	2444	59	陶忻	2444
61	张维	2443	61	郭闻潮	2443
63	夏晨琨	2440	64	李豪杰	2431
64	王雷	2431	66	付冲	2426
67	黄奕中	2425	68	孙力	2424
68	陈贤	2424	70	曹大元	2423
71	潘非	2421	71	刘曦	2421
73	杨一	2415	74	国宇征	2414
75	辜梓豪	2411	76	韩一洲	2410
77	戎毅	2409	78	许嘉阳	2407
79	李劼	2405	80	於之莹	2404
81	芮乃伟	2402	81	郑森鑫	2402
83	林朝华	2401	84	林锋	2400
85	杨楷文	2398	86	佟禹林	2395
86	黄晨	2395	86	崔灿	2395
89	韩晗	2392	90	曹潇阳	2391
91	朱松力	2388	92	张强	2385
93	方捷	2381	94	尹航	2378
94	王晨星	2378	96	张亚博	2376
97	陈潇楠	2374	97	陈浩	2374
99	范胤	2366	100	甘思阳	2362
100	秦悦欣	2362			

第十一章　活棋、眼

处于被包围中的棋子，是否都是最终会被提掉的死棋呢？
事实并非如此。

一、活棋

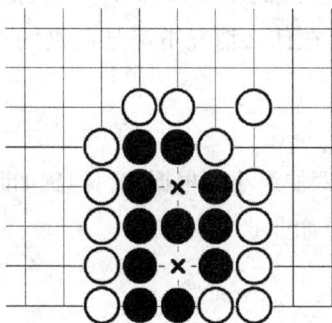

图：

一部分黑棋已经被白棋紧紧围住，但它内部✕位还有2气。

白棋非常想紧上这2气，将黑棋提掉。但仔细观察会发现，两个✕位都是白棋的禁入点。

"禁入点"，只有在可以提掉对方棋子时才能投入。

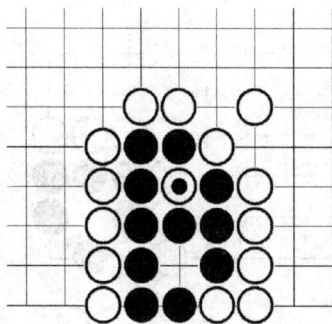

图：

白方不服气，硬往黑方内气中投入白◉子，结果会怎么样呢？

我们会看出：白◉处于无气状态。而全体黑棋还有1气。

因此，白◉这个子应从棋盘上拿掉。

●○诗句
古人重到今人爱，万局都无一局同。

——唐　欧阳炯《韵语阳秋》

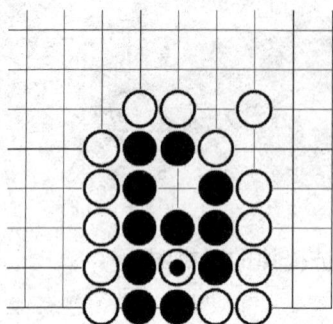

图：

如果白方还不服气，再往黑棋另一内气中投子，结果还是一样。

事实证明：白棋走任何一个×位都不能造成这块黑棋无气。也就是说，只要黑棋自己不向×位填子，两个×位无论在什么情况下都是白棋的"禁入点"。因此，白棋永远也吃不掉这块黑棋。

两个×位的禁入点，对黑棋来说，虽是两块最小的根据地，但犹如眼睛那样的重要。（实战演示中的左上角黑棋就是如此）

像这样有两只"眼"的棋，就叫活棋。

两只眼，是活棋最少的根据地。

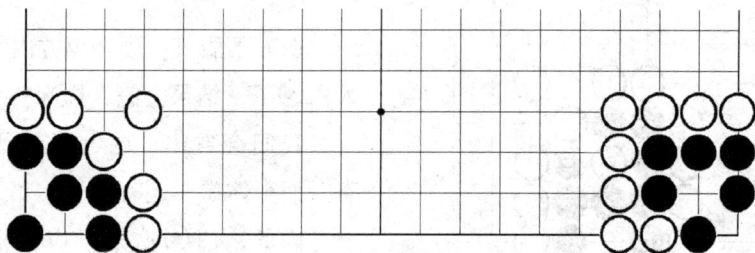

图：左右两个角，各有六个黑子被白棋牢牢地包围，无路可走，但却不用担心，因为黑棋内部有两个禁入点，是两只眼，白棋奈何不了。所以，这两块小小的根据地，白方是打不掉的。

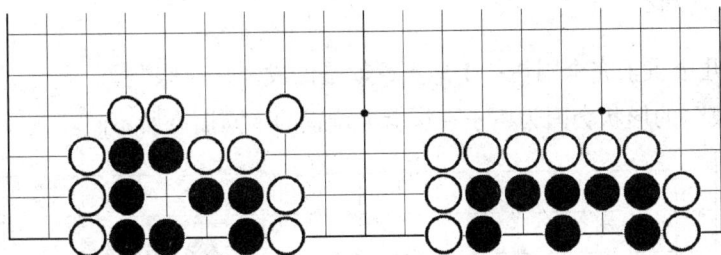

图：两块黑棋也被白棋紧紧困住，但黑棋也不怕，因为它们也有两个眼，两个根据地可以确保活棋。

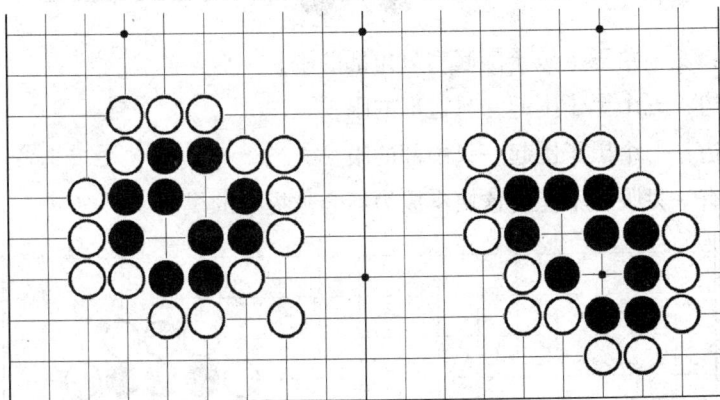

图：处于中间部位的两块黑棋已被封锁，没有可能冲出白棋的包围，然而，由于它们自身围有两只眼的根据地，已经就地生根做活。

以上例图中的黑棋，虽然形态各异，身陷囹圄，却因为它们自身围有2口内气，即两只眼或者说两个禁入点而安然无恙，成为一块块活棋。

围棋的主要目的是围占领土，当然是围住的地点越多越好。围住两个点，是最低的要求。围有三只眼、四只眼或者十几个、二十几个地点的大片领土更好（围得空多，也不用担心能不能做出两只眼的问题了）。

二、眼

用几个棋子完全围住一个地点，就是做成一只"眼"。

"眼"的形状会因为棋子在棋盘上位置的不同而有所不同。

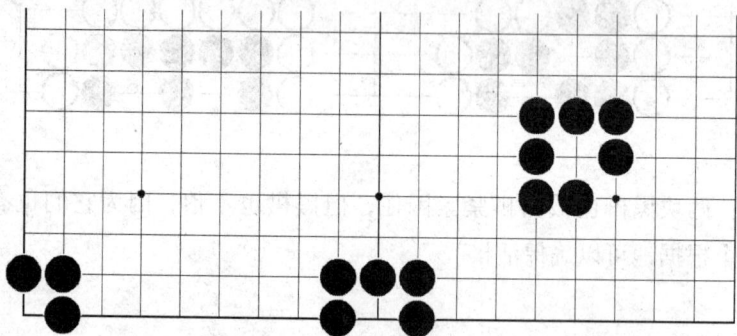

图：左下角三个黑子围起一只角部的眼；

下边：五个黑子围起一只边部的眼；

右边：七个黑子围起一只中部的眼。

只有一只眼，不能使这块棋成为不会被提掉的棋。

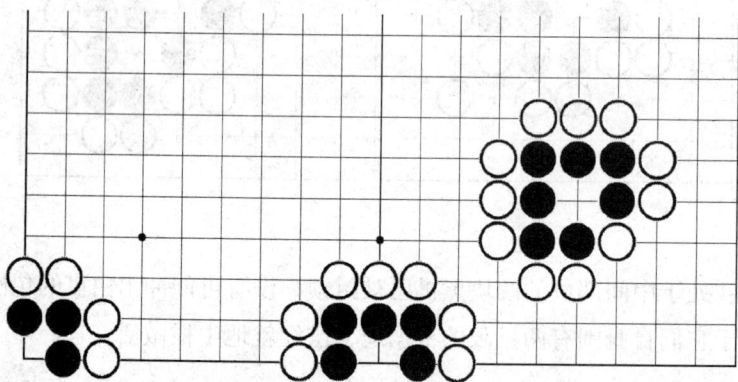

图：黑棋的三只眼都被白方分别包围了，三部分黑棋各有1气。

现在，白棋如果分别往黑棋的眼中投入⊙子，会立即造成三部分黑棋都失去所有的气。

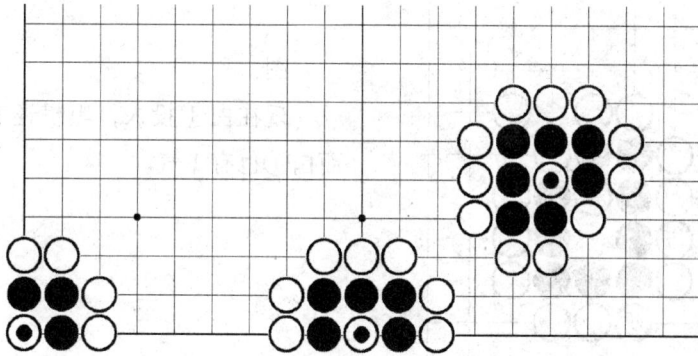

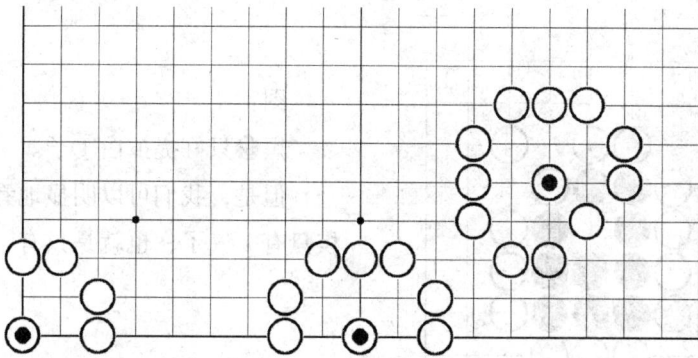

图：黑棋被提掉了。

至此，我们可以清楚地认识到：一只眼是死棋。

1. 大眼。

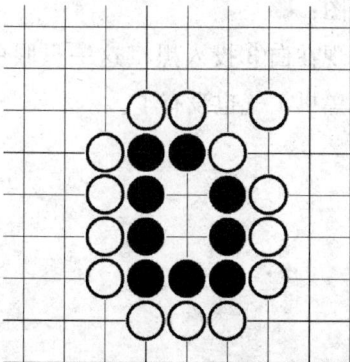

图：

这块黑棋围住 2 气，是不是活棋呢？

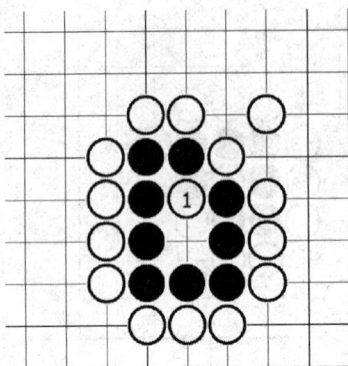

图：

现在白①投入，黑棋还有 1 气，而白①也有 1 气。

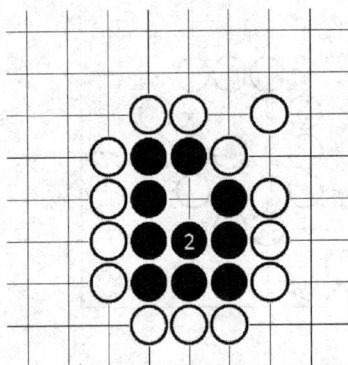

图：

黑❷只好提掉白①子。

但是，我们可以明显地看出，黑棋只有 1 气了，也就是只有一只眼。

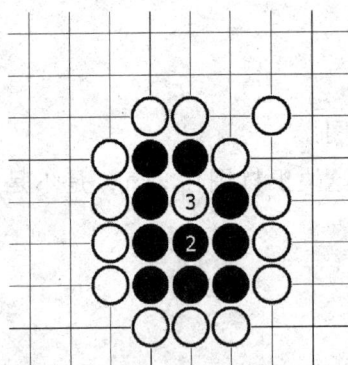

图：

现在白③投入黑棋这一只眼中，全部黑棋 1 气也没有了。

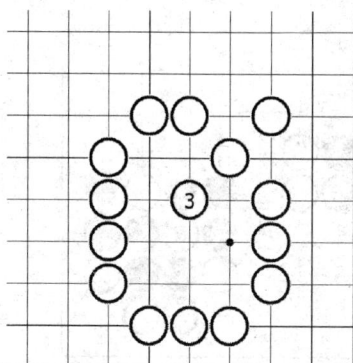

图：

白③将黑棋全部提掉了。

由此，我们可以看出例图中黑棋虽然围住 2 气，却只是一只眼，最终结果还是会被提掉。

2. 假眼。

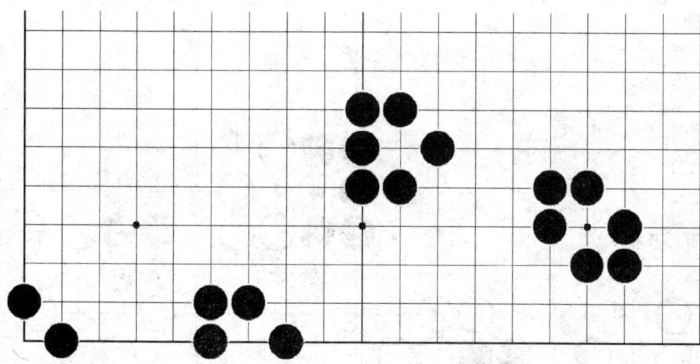

图：角、边、中间的四部分黑子分别围住一个交叉点，好像是眼，但我们发现这四只眼的包围圈并不完整。

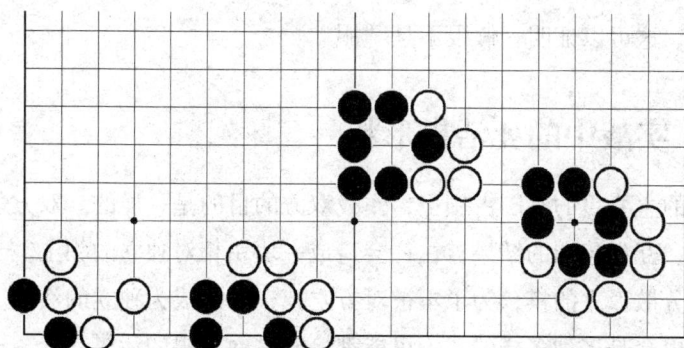

图：当众多的白子包围的时候，已对黑棋的"眼"造成了破坏。

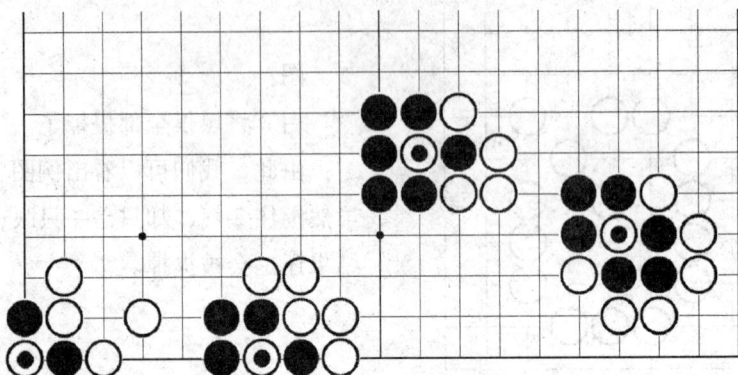

图：现在白分别走⊙子，可吃掉黑棋眼形的部分棋子。

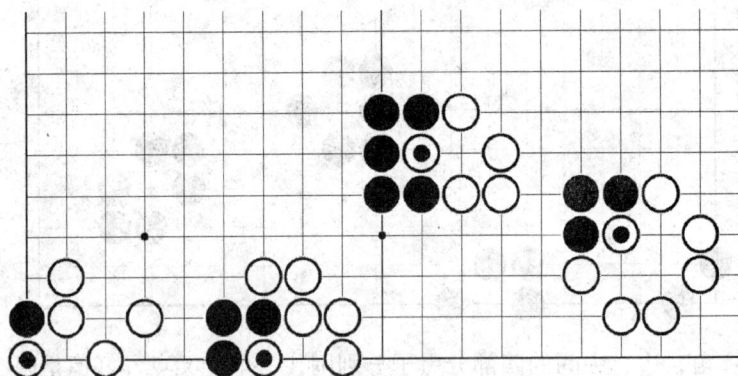

图：黑棋的眼形没有了。

因此，这可以证明：假眼不是"眼"。

三、实战中的死活棋形状

围棋的主要目的是围占领土，作战双方的目的是一样的。双方争斗、进攻、防守、互相包围的结果，往往会造成一块块相对独立的领土。

这些分散孤立的棋，为了不被对方吃掉，必须成为独立的活棋。活棋的形状必然也会是多种多样的，不可能都恰好是两只眼的活棋。

例图：

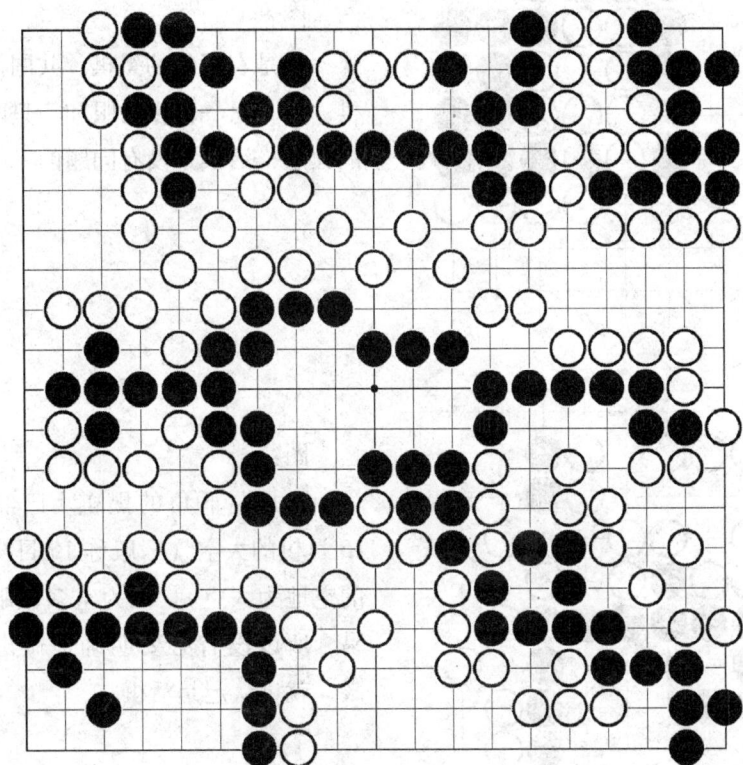

这是进入收官（结束）阶段的棋局。

让我们来看看黑棋在争战中占领了多少根据地。

盘面上，黑方是五块棋，也就是围得五块根据地。那么这五块棋是死棋，还是活棋呢？让我们分解开看：

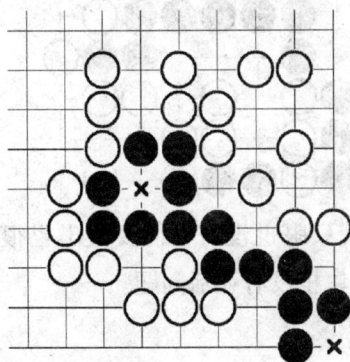

图：

这是右下角的黑棋，虽然只围得×位两目棋，却是活棋必备的两只眼。

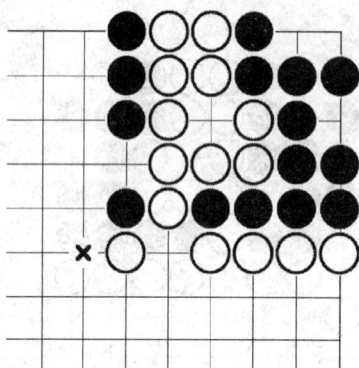

图：

这是右上角的黑棋。共围得三目棋，是一只一目棋的眼和一只两目棋的大眼，活棋是没有问题的。

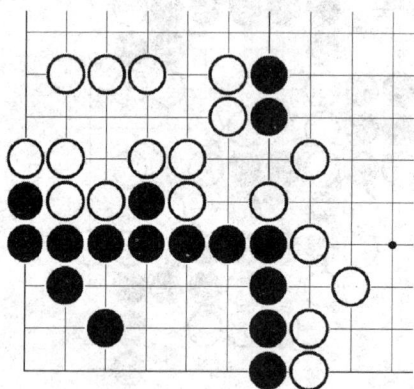

图：

这是左下角的黑棋。已经围得15目棋的大空（一般称15目棋以上的空地为大空）。因为空多做眼很容易，所以没有必要明确地做出两只眼，就可认定是活棋。

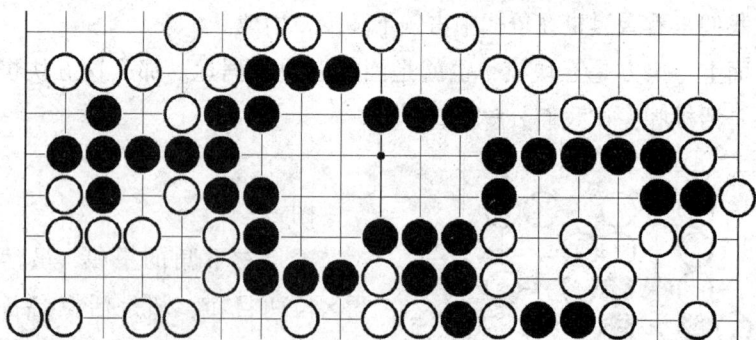

图：这是中腹黑棋。虽然大空内现在一只眼也没有，但要做出也很容易，只是没有必要浪费子力去做。可以说这块棋没有死活问题。

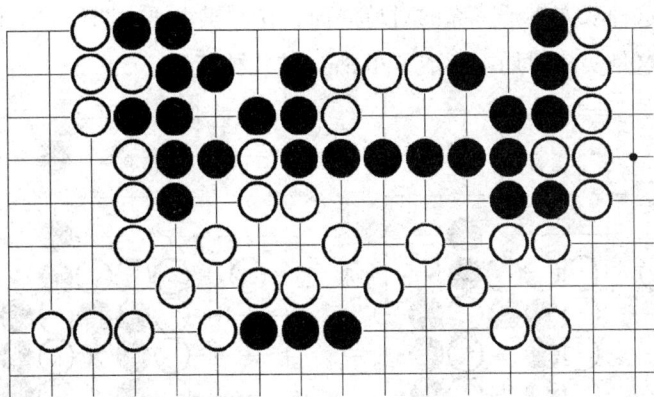

图：这是上边的黑棋。大空内眼形丰富，活棋无疑。

请注意：黑根据地空里有四个白子，虽然还有 5 气，也属于自然死棋。待棋局全部结束后，黑方不用再来紧气，就可将四个白子提掉。

问题是有人可能会问：为什么说四个白子是死棋呢？

这要从几个方面来回答：

首先，黑棋自身是具备丰富眼形的活棋；

其次，四个白子找不出可以逃出黑棋包围圈的缝隙；

最后，四个白子在黑空内不可能围出两只眼。

所以，黑、白双方都会认定四个白子是死棋（双方都不在此处走棋也是证明）。

小结：活棋，最少要围出两只眼（当然是越多越好）。

所以，当自己的棋子已陷入或即将陷入对方包围之中时，一定要做出两只眼；反之，将对方棋子包围之后，就要尽力破坏对方围出两只眼。

四、双活

"双活"是一种特殊形态下的围棋死活图形。在围棋对局中，双方的棋子互相包围，有时会形成一种特殊的局面。

这是一种在对杀中的妥协。如果你不让人家活，那你也做不活。

在局部的战斗中，黑白双方的两队棋子都不具备两只眼，却又都无法杀死对方。这种双方棋子特殊的对峙局面，在围棋术语中叫作"双活"。

图：这是实战对局中形成"双活"的几种范例。

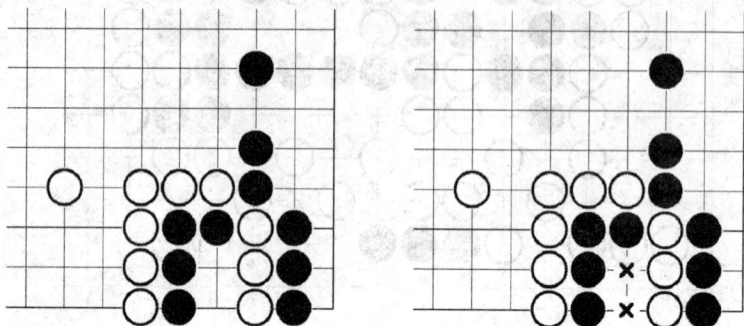

图是**"无眼双活"**，双方被围的棋子连一只"眼"都没有，但又都不是死棋。因为在双方被围困的棋子中间，存有两口"公气"。此时，任何一方又都不敢在这两×位中的任何一处下子，否则，自己的一块棋反要被对方吃掉。

要点："无眼双活"必须有两口公气。

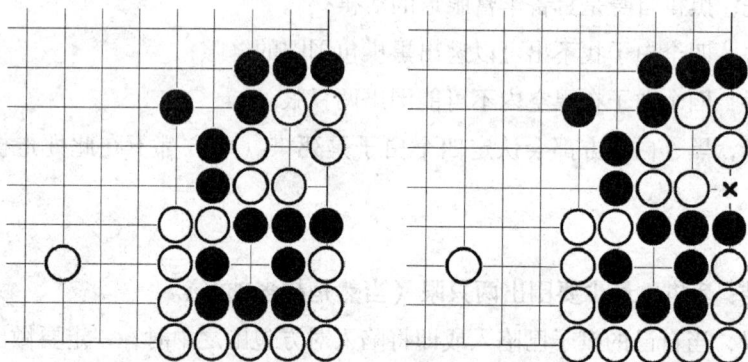

图：这是**"有眼双活"**之形。相互围困的黑白两块棋各自只有一只"眼"，但巧的是，在这两块棋之间，正好有一口"公气"。此时，谁也不敢在"公气"上下子，否则会被对方吃掉。所以，双方在此处都只能明哲保身。

要点："有眼双活"必须有一口公气。

在不能净杀对方时或不能做两眼活棋时，要争取双活。

第十二章 从角部开始

开局时，双方兵力自然先投向使用子少、围地多的地点。一般着子的规律是"先角、后边、再中腹"。

一、开局伊始，为什么要"先占角"?

可以从三方面来分析。

1. 利于围地。

用同样多的子，在角部围占的地多于在边部围占的地，在边部围占的地又多于在中腹围占的地。

例图：黑棋用 10 个子围地，如下所示：

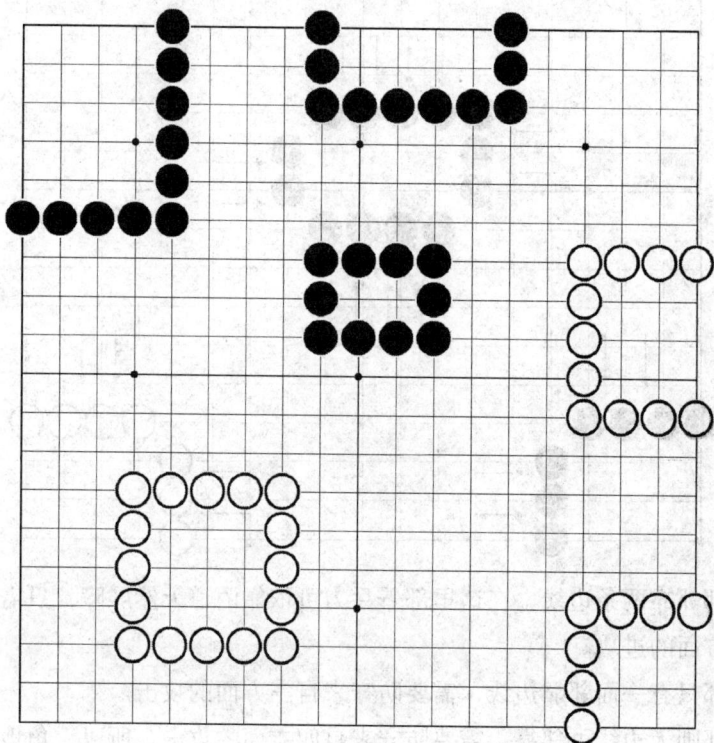

黑子在角部围得 4×5 = 20 目（目即围起的空交叉点）；

黑子在边部围得 2×4 = 8 目；

黑子在腹部围得 1×2 = 2 目。

从另一角度来看：同样围取一块：3×3 = 9 目的空地，在角部用的子要少于边部，在边部用的子又少于腹部。

白棋在角部用 7 个子；在边部用 11 个子；在中腹要用 16 个子。

2. 利于防守。

在围地的同时，要防备对方的进攻。由于棋盘四周是边界线，棋子不能下到边界线外去，因此，边界形同一道天然屏障。

例图：请画上"←"示意防守的方向。

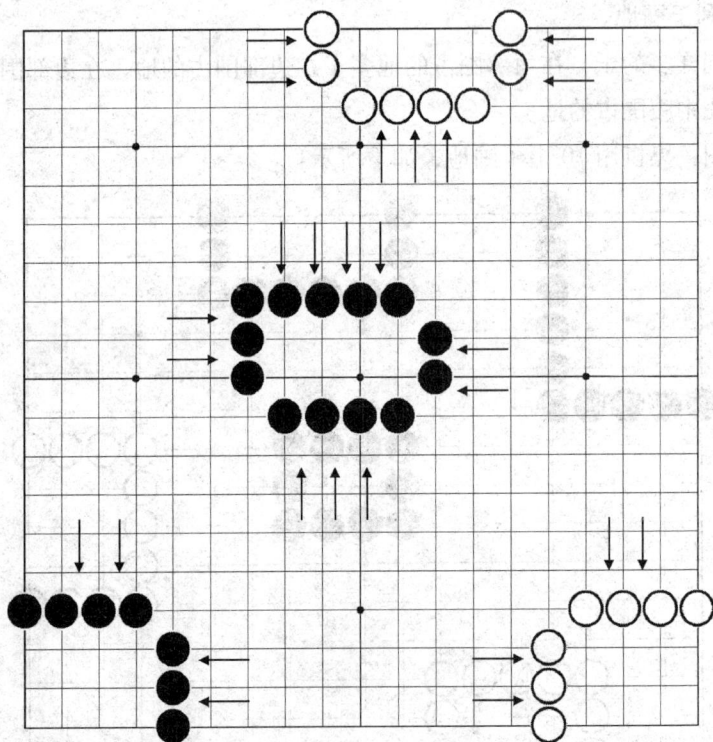

角部邻靠两条边线，在这里部署兵力可依靠两道天然屏障，只需要防守另外两方面的进攻。

边部只有一面邻靠边线，需要防守来自三方面的攻击。

腹部则无边线可邻靠，需要防守来自四方面的攻击。所以，角地是围地防守的最有利的地区（犹如山区），其次是边地（犹如丘陵地区）。

3. 有利于建立根据地。

有根据地的棋，又叫"有根棋"、"活透"了的棋，必须有两只"眼"。

例图：

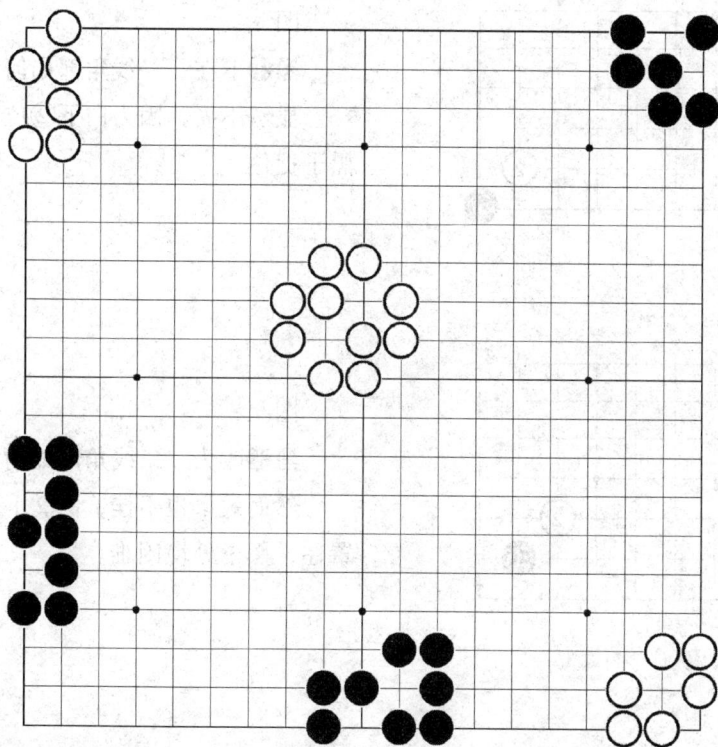

在角部因借助于邻靠两条海岸边线，仅用 6 个子就能围出两只眼；

在边部只能借助邻靠一条边线，需用 8 个子才能围出两只眼；

在中腹无边线可依靠，至少要用 10 个子才能围出两只眼。

通过三方面的比较，可以清楚地看出：

占角效率最高；占边次之；占中腹最费力。

既然角部最容易占领，自然要先向角部下子。

因此，有句棋语说"金角、银边、草肚皮"。形象地概括出角、边、腹三者之间的关系。

二、第一步棋下哪儿？

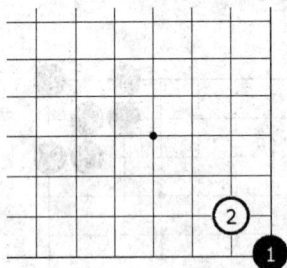

图：

黑❶下在一一线角部如何？

显然不妥，因为白下②位即可把黑子捉住。

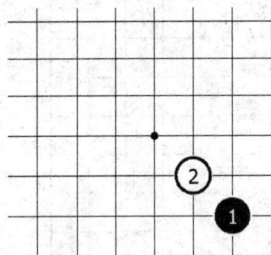

图：

黑❶改为二二线角部如何？

然而效果也不佳，白②下三三位罩住，黑子处境困难。

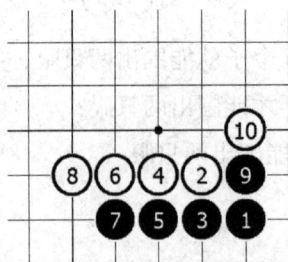

图：

黑❸突围至白⑩，虽然在角上能够活棋，但白棋在外面获得的势力太强大了，黑棋得不偿失，明显不利。

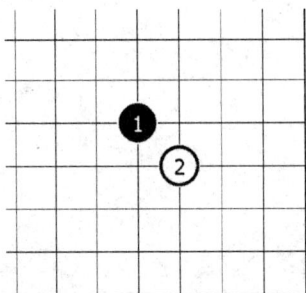

图：

黑❶选在五五线高位上，不怕白棋从外面攻击了。但又会出现新的问题：白②侵入四四星位或三三位后，会将角地掏走，黑❶占角的目的落空。

从以上图例中，我们可以看出，黑❶的失误成就了白②选点的正确，也证明了占角时离边线太近，围的空少，效率低；离边线太远又不容易控制角地。因此，第一步通常选在角部的三、四线上。

凡遇要处总诀

清 施襄夏

施襄夏（1710~1771），清朝围棋国手。所编著《弈理指归》是我国古棋谱的典范。其中《凡遇要处总诀》部分，几乎总结了当时围棋的全部着法，是一部全面论述围棋战术的著作，是我国古典围棋理论十分少见的精品。这些口诀，都是施襄夏平生实战和研究的心得，句法精练，内容丰富。

口诀共三十八句，逐句摘录（附后）。

《凡遇要处总诀》摘句之一：

起手据边隅，逸己攻人原在是。

三、围角地

在角部走一着后，接下去如何下呢？

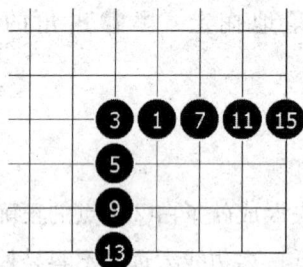

图：

黑❶以后，从❸至⓯像垒墙一样围空，虽然角地固若金汤，但速度之慢和效率之低也显而易见。

将上图放在全局中看黑棋形态：

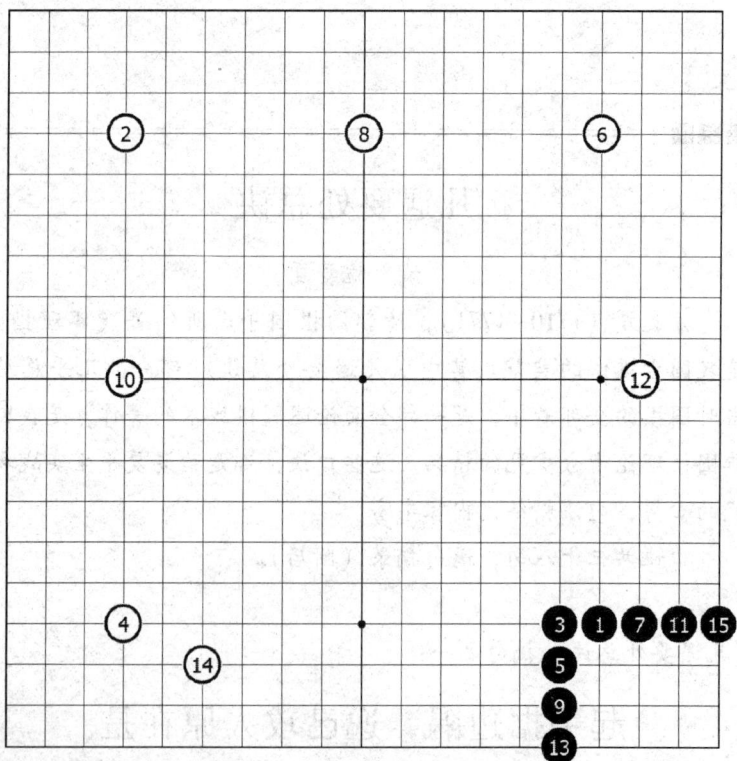

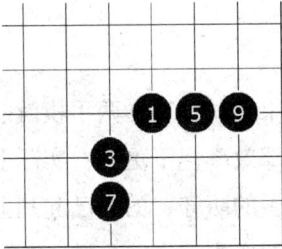

图：

这是黑方减少几步棋后走成的形状，围空地的范围基本相同，但效率已有所提高。

将上图放在全局中看黑棋形态：

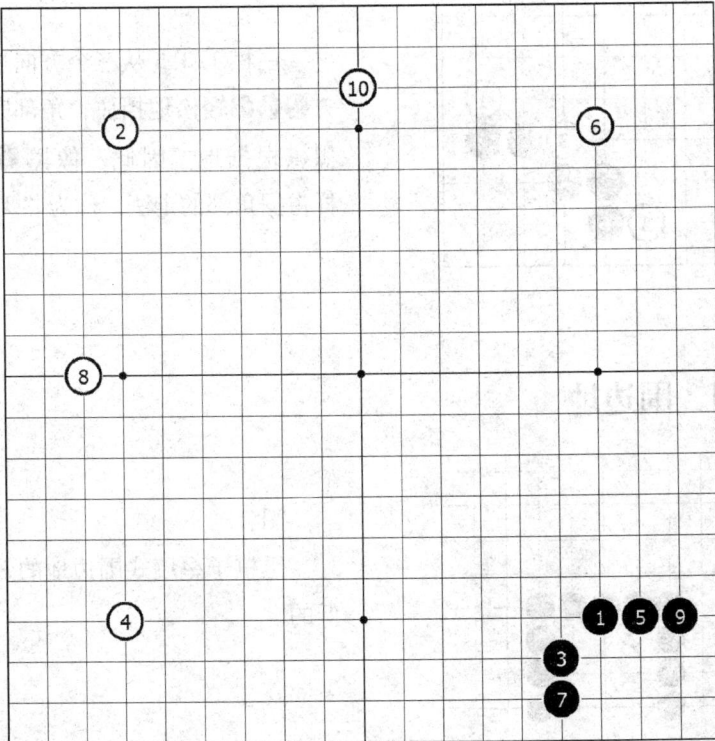

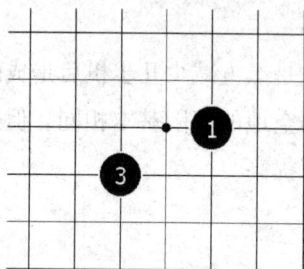

图：

如果缩减到这样两手棋就能围占角地，那效率岂不更高？实际上，这样两个子的防守，的确已起到上面两图黑子的作用。

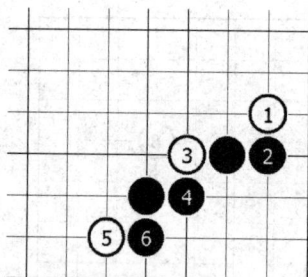

图：

白棋①③⑤从三个方向进攻，黑方❷❹❻轻松地挡住，角部完全成为黑棋根据地。因此，像黑●二子这样占据角部的走法，称为"无忧角"。

四、围边地

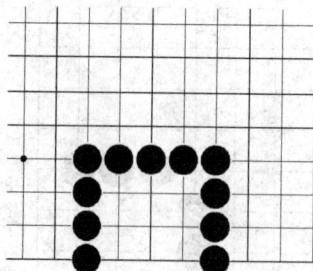

图：

黑棋子垒墙式围边地的效率是最低的。

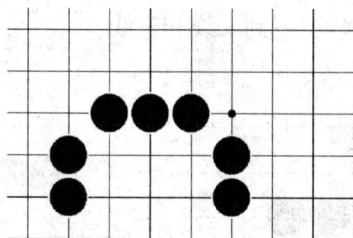

图：

黑棋少用几个子，围边地的效率有所提高。

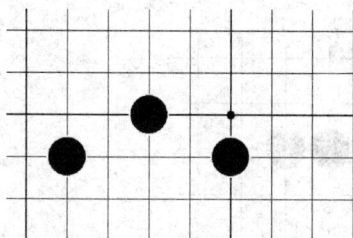

图：

其实黑棋用三个子就可以起到上面两图黑子的作用。

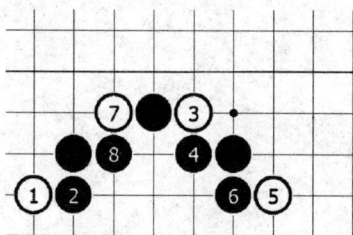

图：

白①③⑤⑦子想侵入，黑❷❹❻❽即可拒敌于门外，保住己方根据地。

五、地线、势线

围占边角的棋子一般走在三线和四线，较少下到二线和五线。

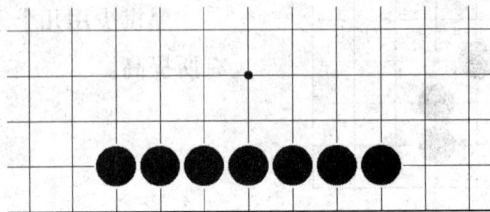

图：黑棋如下在二线，仅仅控制了一线的空地，这样围地未免太少，而且极不利于向中原发展。

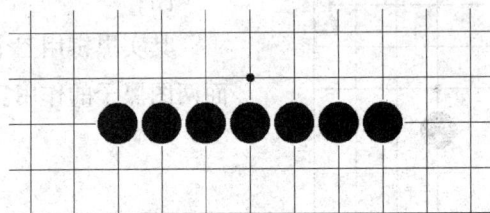

图：黑棋在三线，足以控制其下面的一、二线，围地的效果很好。因此，三线又被称为"地线"。

但棋子全在三线，则又嫌偏于实地，不利于今后向中原的发展。

《凡遇要处总诀》摘句之二：

入腹争正面，制孤克敌验于斯。

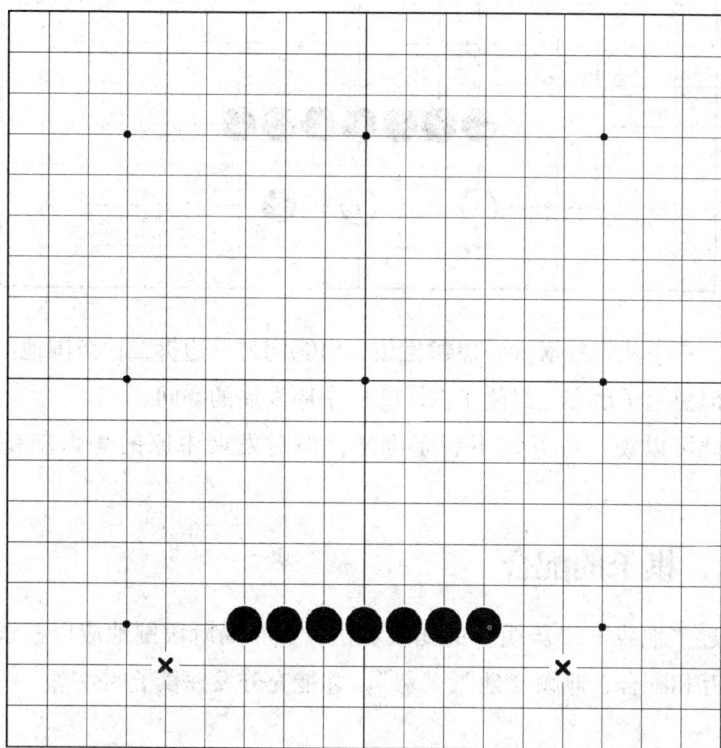

图：黑棋全走在四线如何？好像围地更多，对于向中腹发展很有力。但对以下三线的控制相对较弱。因此，四线又被称为"势线"。

例如，白棋走×位，即对黑根据地有较多影响。

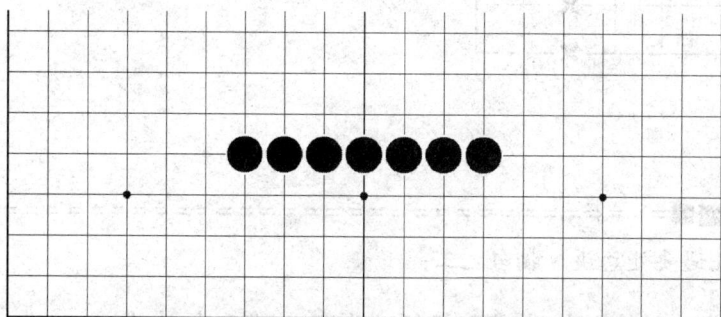

图：黑棋再高一线，全走在五线上如何？这个问题要从两方面来看。

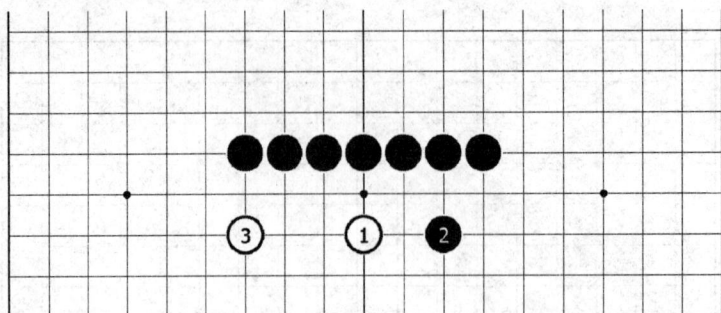

图：白①从三线潜入，黑❷拦住，白③向另一边拆二；黑围地的希望落空了。但黑七子也完全封闭了白①③向中原发展的空间。

因此可以说：占五线不利于围地，但对发展中原的势力却是相当有利的。

六、棋子的配合

通过"地线"、"势线"的比较看出，在布局阶段围地应以三线、四线的棋子互相配合，兼顾"地"、"势"，才能充分发挥棋子的效率。

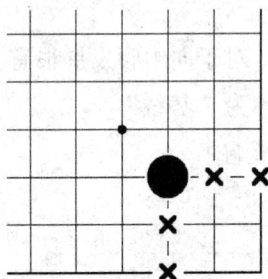

图：

黑●子在"地线"占三三位，可以稳固地控制 4 目角地。（以✕为界）。

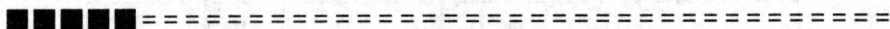

《凡遇要处总诀》摘句之三：

镇头大而含笼制虚，宽攻为妙。

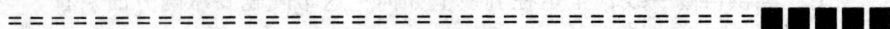

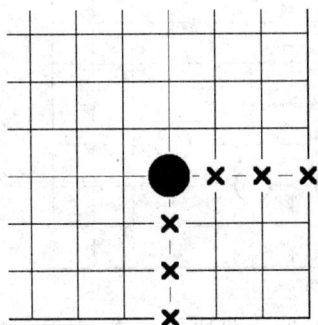

图：

黑●占星位，可以初步控制 9 目地（以╳为界）。为何说"初步控制？"因为星位是在四线，而四线是"势线"，存有被白方从"地线"（三三位）侵入的可能。

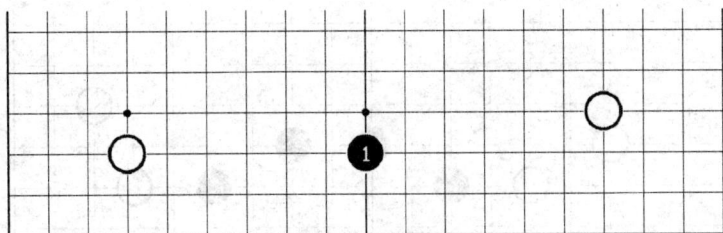

图：黑❶下在边部，虽然是在"地线"上，却控制不了多少目地。

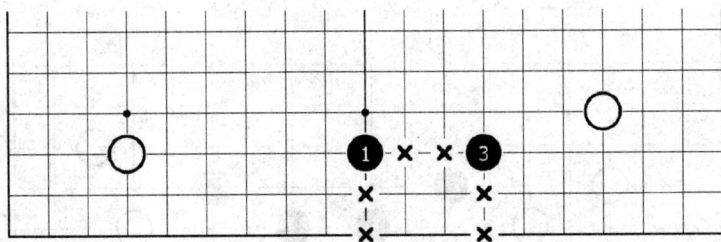

图：现在黑❸与黑❶间隔两路处下子（称为拆二），效果就好多了。"拆二"两子之间的配合，可以说控制了 4 目地。（╳为界）

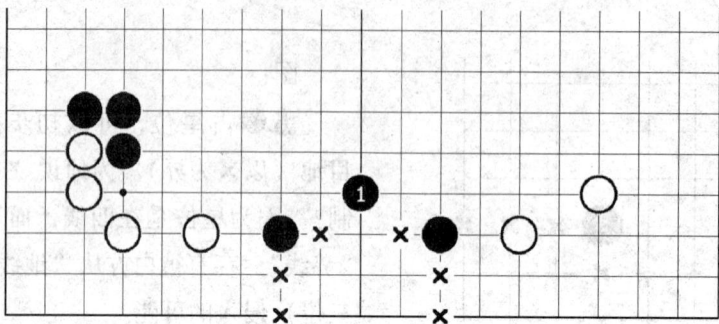

图：黑❶在四线即"势线"上补棋恰到好处。两边的子在三线，中间一子在四线，形成一个小堡垒形状，根据地非常坚实。

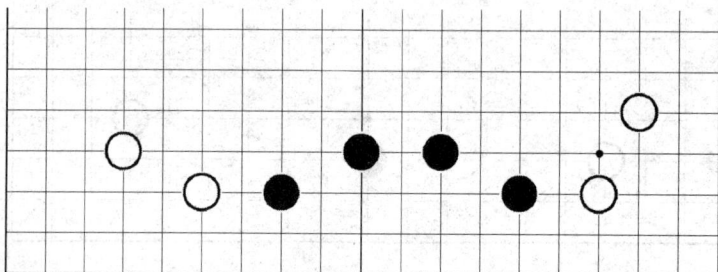

图：下边四个黑子围地，两个子占"地线"，两个子占"势线"走成两边低、中间高的"桥"形，这是围边地比较理想的配合。

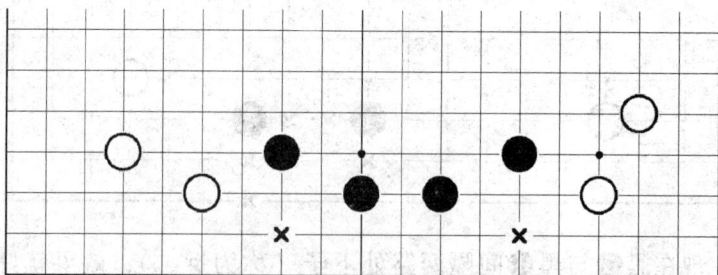

图：同是四个黑子，如果走成两边高、中间低，变成"船"形，因两边有被白棋从×位入侵的好点，这种配合就不利于围边地。

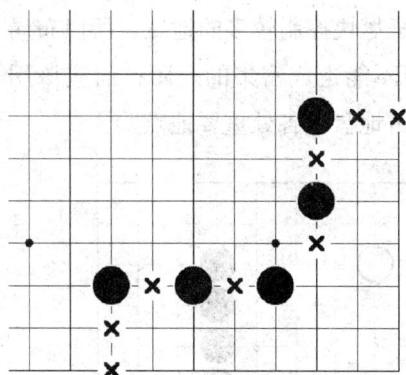

图：

黑棋用五个子，围取了边角之地。但棋子全部处于三线，而且步伐不大。

围地呈扁、窄状，地域数量有限（×连线内）。

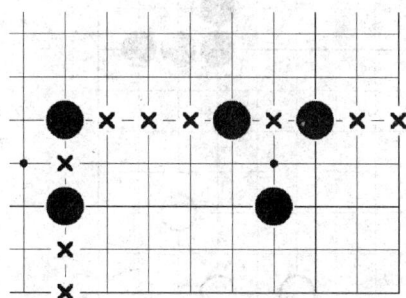

图：

同样用五个子，做这样的配合，围取的地域就大多了。

虽然其中有两个子在五线上，但五子之间联系紧密，组成可靠的防线。这是围地的理想之形。

《凡遇要处总诀》摘句之四：

尖路小以阻渡避坚，紧处方宜。

七、棋子要展开

布局时面对空旷的棋盘，要用较少的子尽快控制较多的地域，所以布局不能用"长"的方式，让棋子排成队，更不能走成密集的一团；而应该用"占角"、"飞"、"拆"等方式。要尽快抢占地盘上各处重要地点。

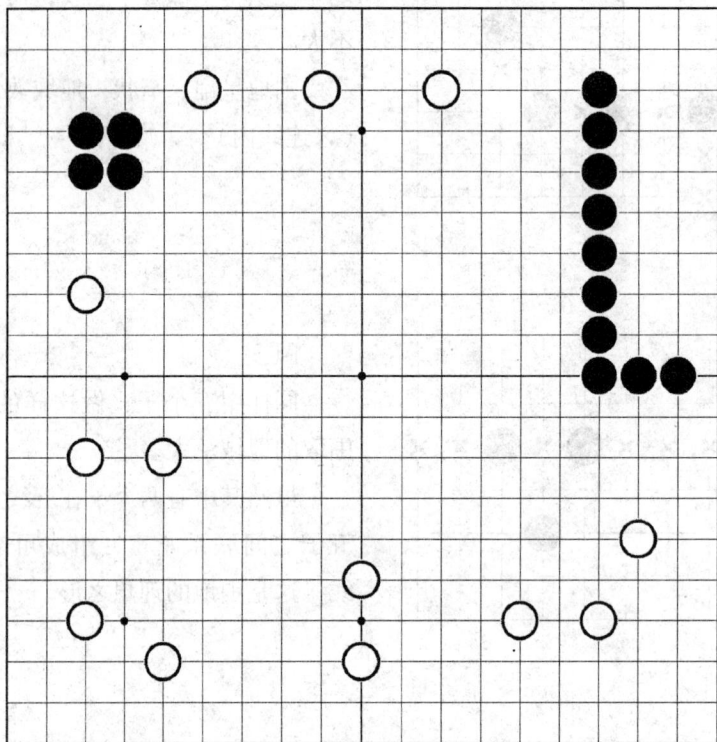

图：黑白双方子数一样多，但围地效果却大不一样：左上角黑四个子团聚围占的地点很少；右边黑棋排队列阵所围占的地点也仅有 36 个左右。反观白方的子力效果却非常好：下边的白子分散占据要点，基本控制了大半个棋盘的地域；上边的三个子合适距离地分开，控制的地点也有十几个。

这局棋虽然双方才各走十几个子，属于布局阶段，但实际上可以说已经终局，因为胜负形势一目了然。

●○

中国围棋业余段位级位简介

业余段位、级位制适用于参加中国围棋协会或各级体育局所辖的围棋组织举办的围棋比赛的业余棋手，业余段位不与职业段位相衔接。

段和级为围棋业余段位级位的基本单位。业余段位、级位以阿拉伯数字表示。

业余段位共分七个等级，最高是 7 段，以下依次分别为 6 段、5 段、4 段、3 段、2 段、1 段。

业余段位下设级位，级位可分为 1 级、2 级、…、25 级，1 级最高。但级位证书只印制 1 级、2 级、5 级、10 级、15 级、20 级、25 级七个等级。

业余围棋的段位授予标准如下：

7 段：在中国围棋协会组织、主办或经中国围棋协会批准的全国性业余围棋比赛中获得冠军者。

6 段：三个（含）以上省级单位参加，且其中 5 段棋手不少于 30 名，棋手总人数不少于 50 名。在该类赛事中位列前六名的棋手（前六名中已有 6 段称号的，名额可顺延）。

5 段（含）以下：可以由省级体育局、解放军体育部门、行业体协所辖棋院、棋类协会、围棋协会直接批准授予。

3 段（含）以下：可以由地区和省辖市的体育局所辖棋类协会、围棋协会直接批准授予。

1 段：可以由县体育部门直接批准授予。

业余段位棋力参照标准：

以职业高段为参照：5 段授 3-4 子，4 段授 4-5 子，3 段授 5-6 子，2 段授 6-7 子，1 段授 7-9 子。

业余段位证书的收费标准如下：

1 段 70 元、2 段 75 元、3 段 80 元、4 段 160 元、5 段 180 元、6 段 230 元、7 段 430 元。

业余级位制的设置

业余级位制设立的目的，是为细分入门到业余 1 段之间的水平，使初学者在教学过程中随时、切实感受到自己水平的提高。

级位证由中国围棋协会统一印制，由中国围棋协会和各省一级代理机构根据围棋的普及推广和教学需求发放。以适当收取证书的工本费的形式服务于广大围棋爱好者。一级代理机构可以通过比赛或在网络、报纸或杂志出测试题等自行设计的测定方式进行测定，也可以委托各学校、围棋团体直接测定。

●○故事

耳赤之局

从前，有两个高手在比赛时，周围有很多观众。观棋者交头接耳，议论纷纷，多数人认为是白棋必胜。

这时有一位医生忽然说道："我看未必，恐怕是黑棋要胜了。"观战者中有认识他的人，知道此人医术高明，但对围棋却是一窍不通，纷纷嘲笑他。

此时医生回答说："我虽然不懂围棋，但医道还马马虎虎。刚才黑棋一颗子落在盘上，白棋虽然神色不变，但耳朵却突然红了起来。我想，一定是黑棋弈出了妙手，让白棋不好对付了吧。所以我断言黑棋要胜。"

听众一听，都掩口而笑，以为医生在说胡话。

不料大家再看下去，盘上局势果然有了变化。刚才领先的白棋开始着着苦思，步步长考，不但耳朵红了，脸也涨得通红。大家这才相信医生的话。

不久黑棋局面果然得以改观，并最终获胜。

第十三章 终 局

有开始就有结束。

对弈双方经过布局、中盘的搏杀，双方围占地域的范围逐渐分清。余下双方地域交界线附近的零星地点，进行收尾工作，术语是"官子阶段"。

当官子收完，双方边界线划清，经双方确认，即可终局。

一、官子阶段

以第二章中"围地对局演示"第九谱为例。

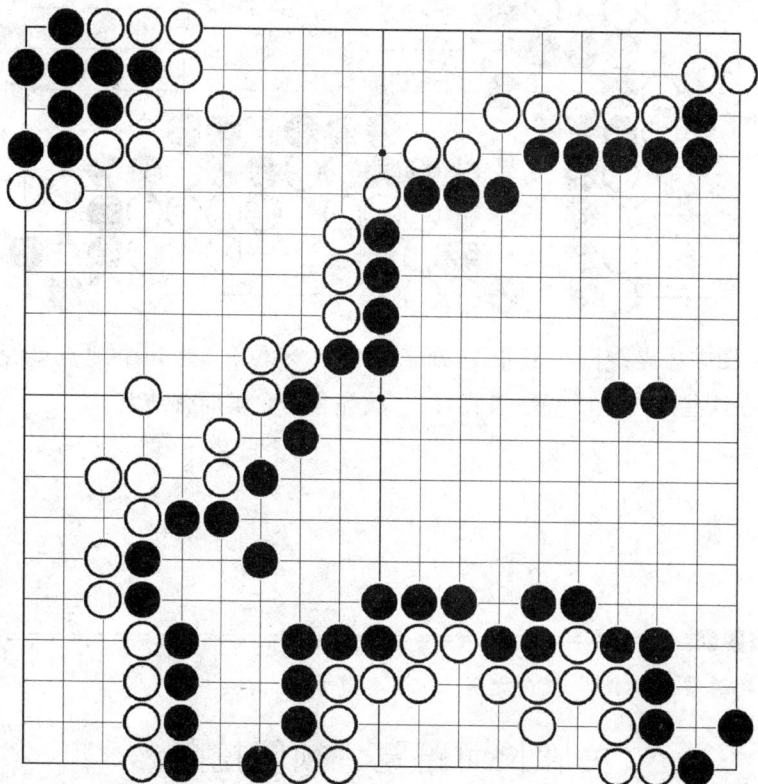

图中双方地域块数、大小、形状边界基本划清，没有死活棋问题。

二、收官

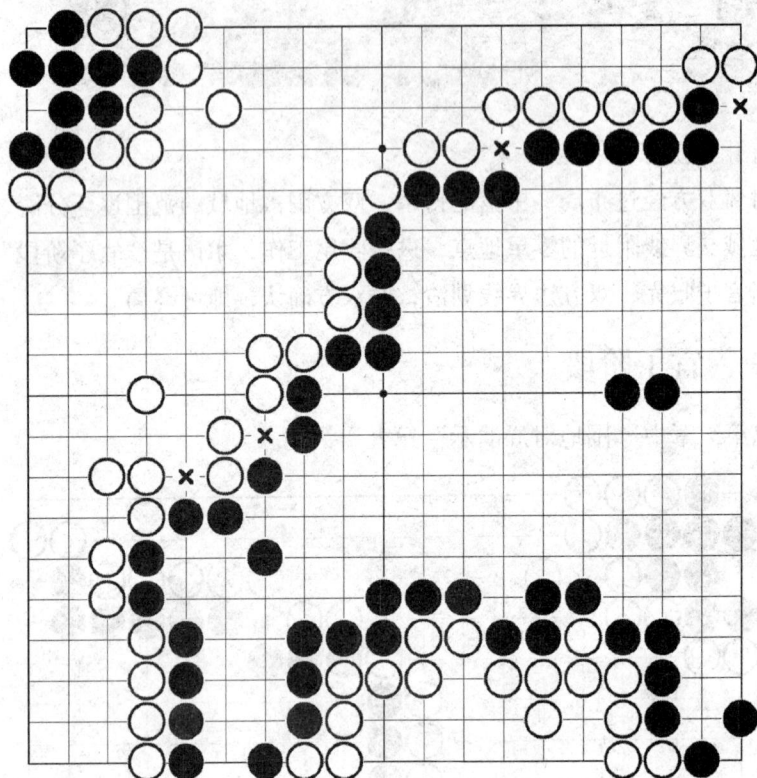

1. 图中边界线附近还有几处未走完（×位），这几个地点就是"官子"。在这些地点走棋就是"收官"，收完官子，棋局就结束了。

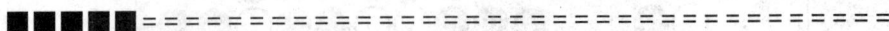

关胜长而路宽，须防挖断。

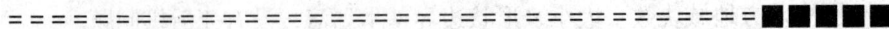

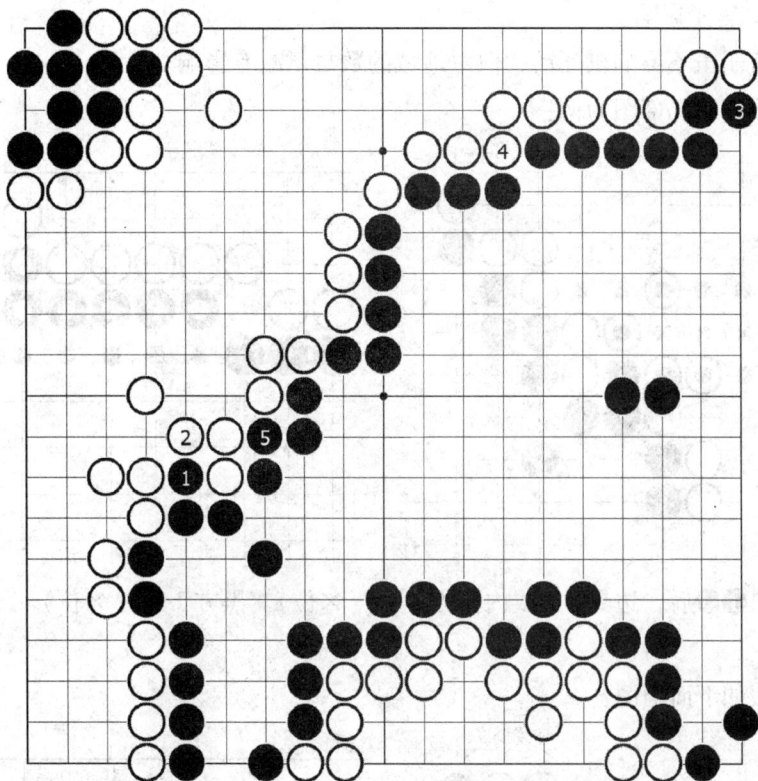

2. 黑❶❸后，边界线最后确定。剩下④、❺两个单官一人一个（如果采用日本竞赛规则"比目法"，这两个单官就不走了。但采用中国规则"数子法"，就一定要走）。至此，全局结束。

《凡遇要处总诀》摘句之六：

飞愈挺而头畅，且避连扳。

3. 官子影响。

官子虽不影响棋死活，但对地域的数量增减有影响。

取谱中局部图为例：

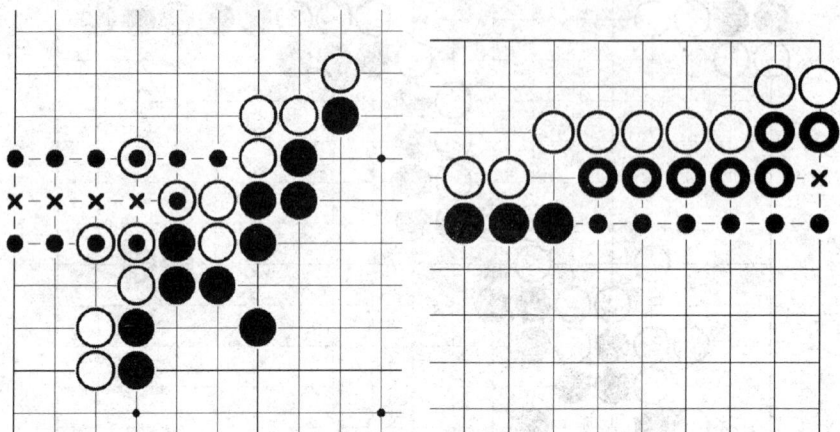

黑❶❸后，边界●连线内白方4目（×位）。黑方1目（×位）。

假如下面两图：

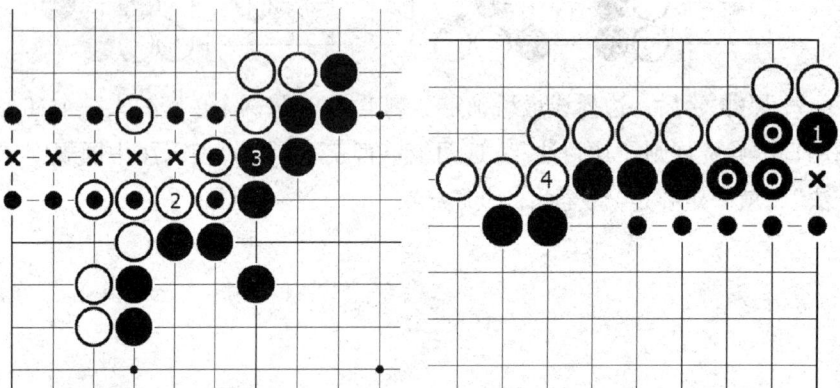

黑❶❸后●连线内白方5目（×位），黑方1目（×位）。

上下图比较，结果差一子。

三、胜负计算

采用中国式数子法，数子时，按三个步骤进行。

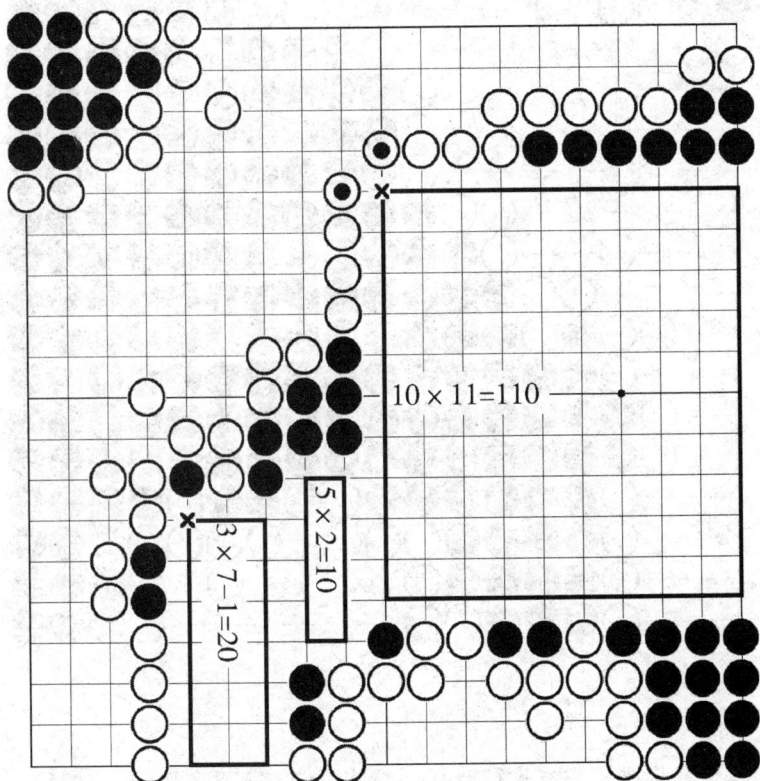

1. 首先把棋盘上双方的死子拿掉（本局无死子）。

2. 做棋，将一方所占地域整理做成整数 10、20、30 等正方形或长方形。

下图：右边黑地：10×11＝110、下边黑地：20＋10＝30、其中×位黑白子互相换位后拿掉，盘中散子也摆成整数 10，共 46 个。

黑方地域总数：110＋30＋46＝186 子。

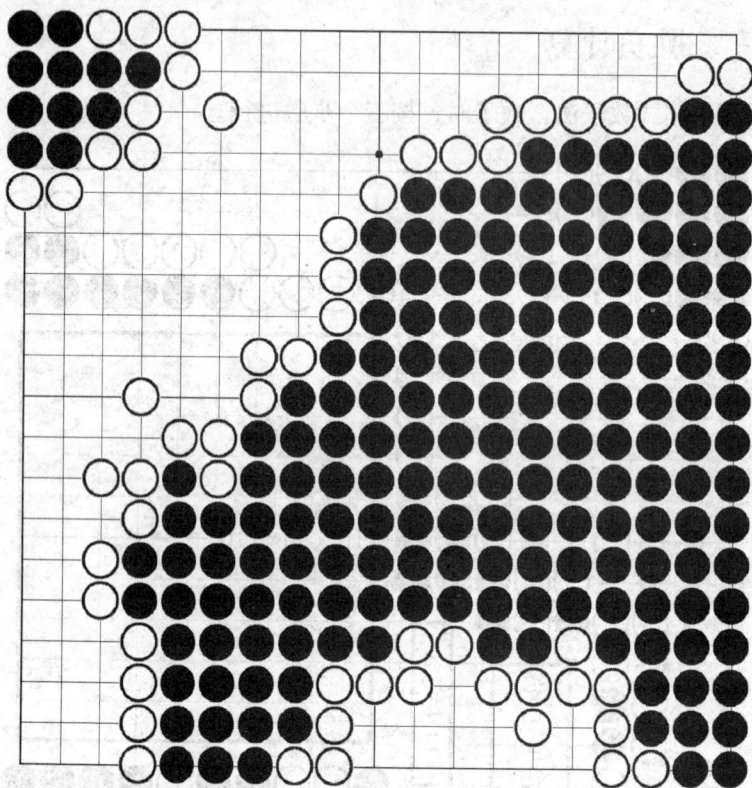

3. 贴子。

根据竞赛规则：黑方先行有利，要补偿白方 3 又 3/4 子（3.75）。

这局棋，黑方实得：186-3.75 = 182.25

胜负结果：182.25-180.5（棋盘半数）= 1.75 子，即黑胜 1 又 3/4 子。

中国围棋规则现行贴子标准：

中国围棋现行规则现行贴子标准：黑方贴 3 又 3/4 子（3.75 子）；

和棋标准：180.5+3.75 = 184.25 即 184 又 1/4；

因此：黑方得 185 子，胜 3/4 子（即 0.75 子）；

白方得 177 子，胜 1/4 子（即 0.25 子）。

初学者简单记住：黑方得 185 子胜或白方得 177 子胜，即可。

●○

中国围棋崛起之局

如果说大多数中国人对围棋和聂卫平这个名字有印象的话，毫无疑问，主要原因就是中日围棋擂台赛。

1984 年举行的第一届中日围棋擂台赛，日本方面尽遣精英出战。小林光一、加藤正夫两位威名赫赫的超一流棋手组成双保险，他们身后担任主帅压阵的则是六次获得日本棋圣战优胜的藤泽秀行先生。

中国方面则由聂卫平、马晓春分别担任主帅、副帅。江铸久五连胜杀到小林光一阵前，小林尽显超一流本色六连胜请出中方主帅聂卫平。擂台赛此时受到两国万众瞩目，邓小平亲自约见聂卫平询问赛况并赠以"哀兵"二字，聂卫平东渡日本以沉着冷静的心态和出众的大局观连克小林、加藤，在北京决战。聂卫平执黑发挥了被大竹英雄九段誉为"天下一品"的厚势向实地的转化功夫，藤泽秀行虽竭尽平生之力也未能扭转局势，第一届擂台赛以中国队大逆转而获胜告终。第二届擂台赛，聂卫平再次上演神话，在以一对五的局面下连扳五局，中国队再次大逆转获得胜利。

第三届擂台赛，聂卫平在中日主帅决战中击败加藤正夫，中国队三连胜。

擂台赛不仅成为整整一代中国棋手磨炼提高的最好场所，更促成了中国围棋爱好者几何级数的增长，而赛后在人民大会堂举行闭幕式也是此前任何体育项目未获的殊荣。

第十四章　示范谱

第一届中日围棋擂台赛最终局

弈于 1985 年 11 月 20 日　北京

中国 聂卫平九段（黑贴 2 又 3/4 子）对日本 藤泽秀行九段

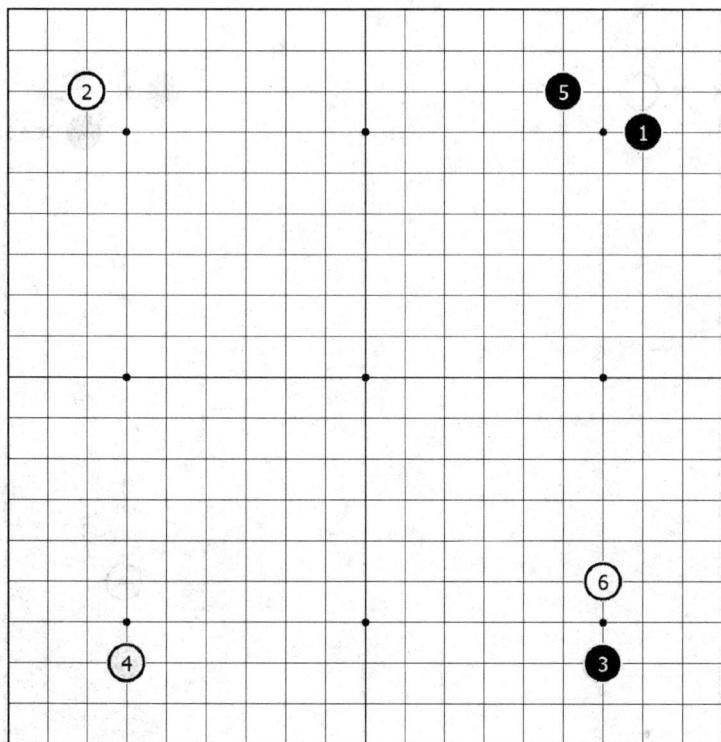

实战图一：1-6

黑方第一手棋走右上角是围棋对局中的礼仪。

黑❶至白④分别抢占角部要点。

黑❺加强黑❶防守，使右上角成为黑棋的"无忧角"。

白⑥意在限制黑❸扩展并伺机抢夺角部地区。

《凡遇要处总诀》摘句之七：

形方必觑，跳托递胜虎接。

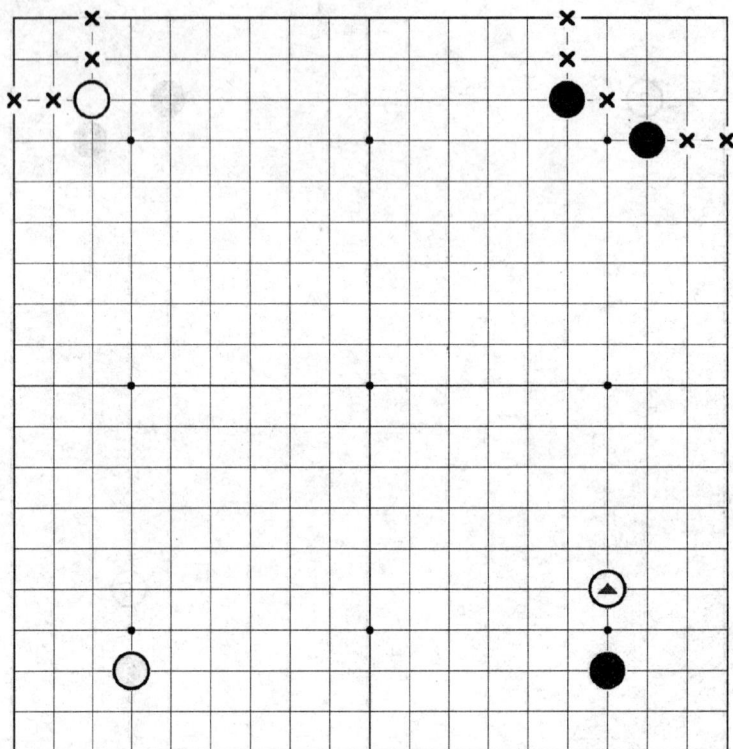

续战图一：围地示意图

左上角白子与×连线显示出对左上角部的包围。

右上角黑子与×连线显示出对右上角部的包围。

左下角的白子因为稍微偏离角部中心点，尚需再加一子才能完成对角部的控制。

右下角黑子正面临白棋的进攻。

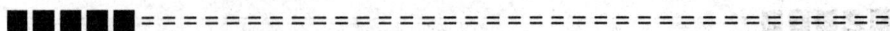

《凡遇要处总诀》摘句之八：

头软须扳，退虎任易长关。

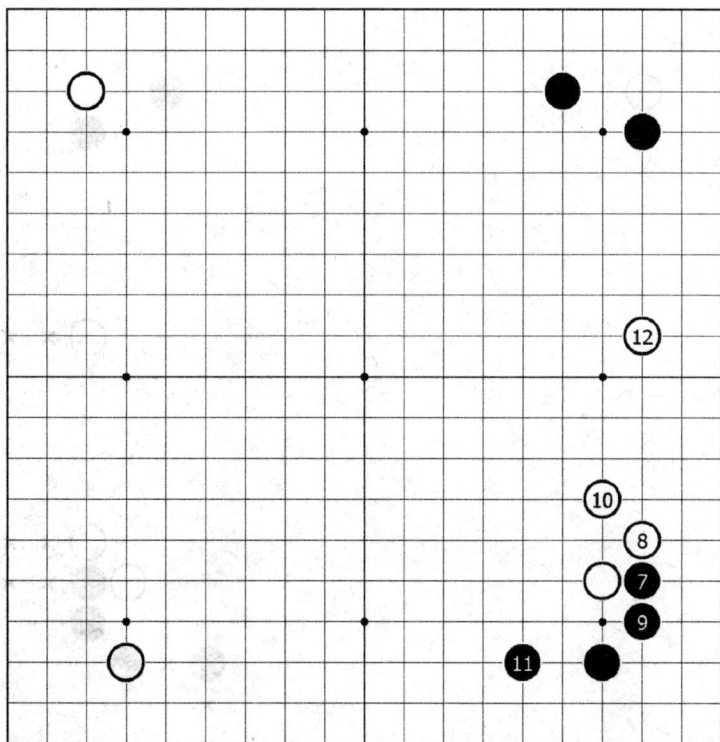

实战图二： 7-12

黑❼至白⑫是角部定式（即双方都不吃亏的下法）之一。

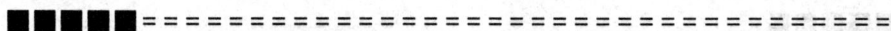

■■■■■===============================

《凡遇要处总诀》摘句之九：

逼孤占地，拆三利敌角犹虚。

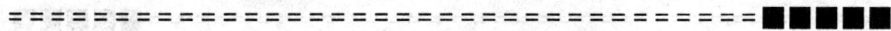

===============================■■■■■

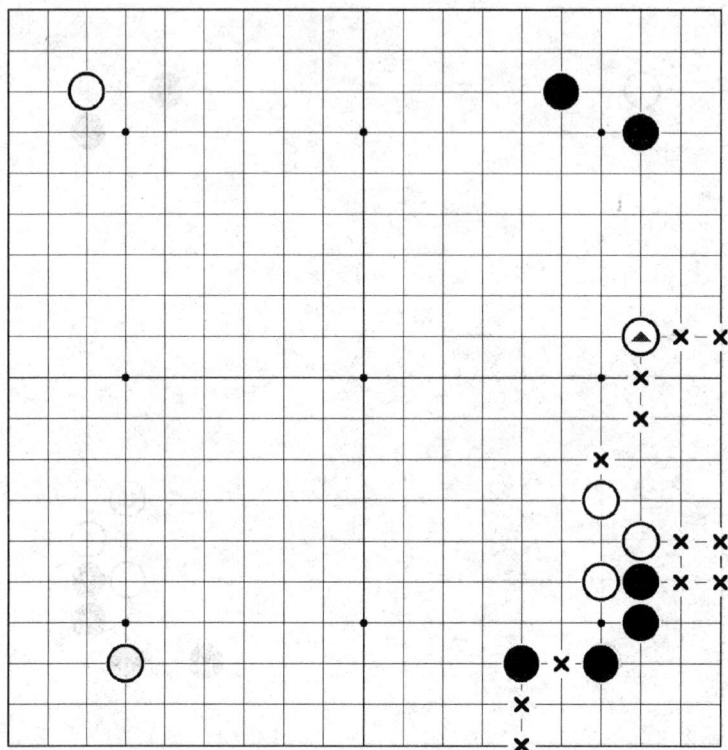

续战图二：围地示意图

黑白双方在右下角初步完成各自领地的分割定型。

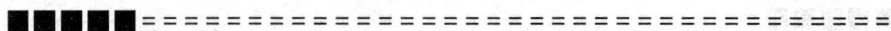

《凡遇要处总诀》摘句之十：

阻渡生根，托二宜其边已固。

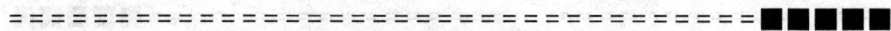

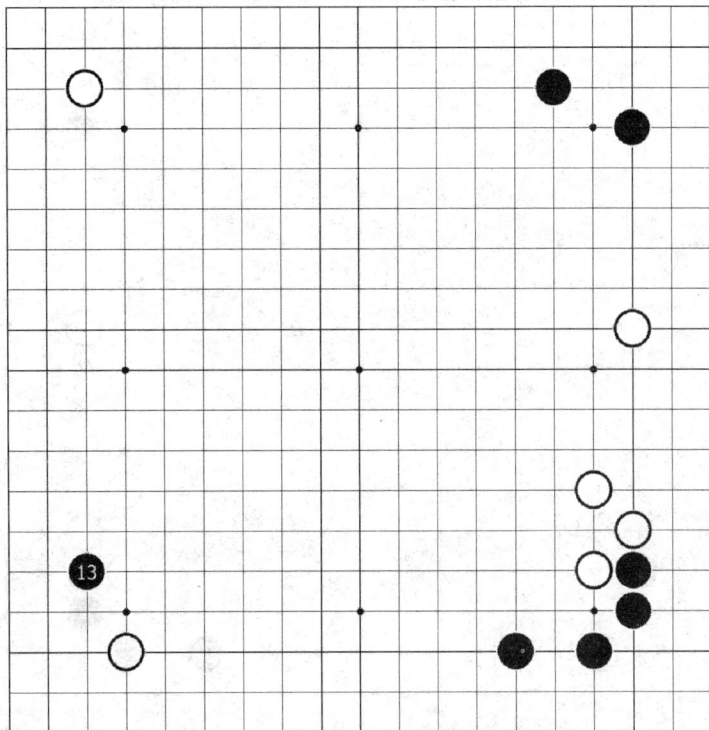

实战图三： 13

黑❸与白方分割左下角的地域。

下一步，白方面临多种选择，会如何选择呢？

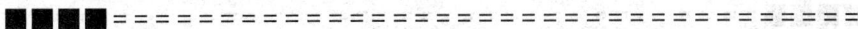

《凡遇要处总诀》摘句之十一：

奇路压扳长胜退，顶断须防。

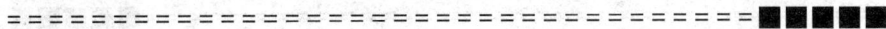

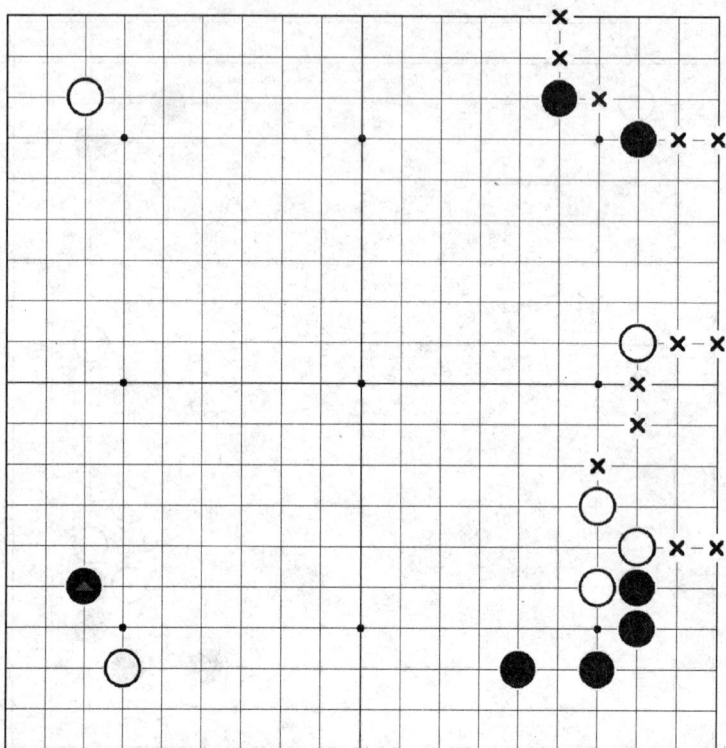

续战图三：**围地示意图**

右边黑围两角白占边地，白边地与黑右下角地界线大致划定；白边地与黑右上角地之间还有空地，如何划分中间这块空地成了白方优先考虑的地方。

《凡遇要处总诀》摘句之十二：

争根点立渡输尖，立扳预占。

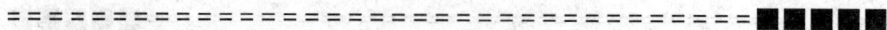

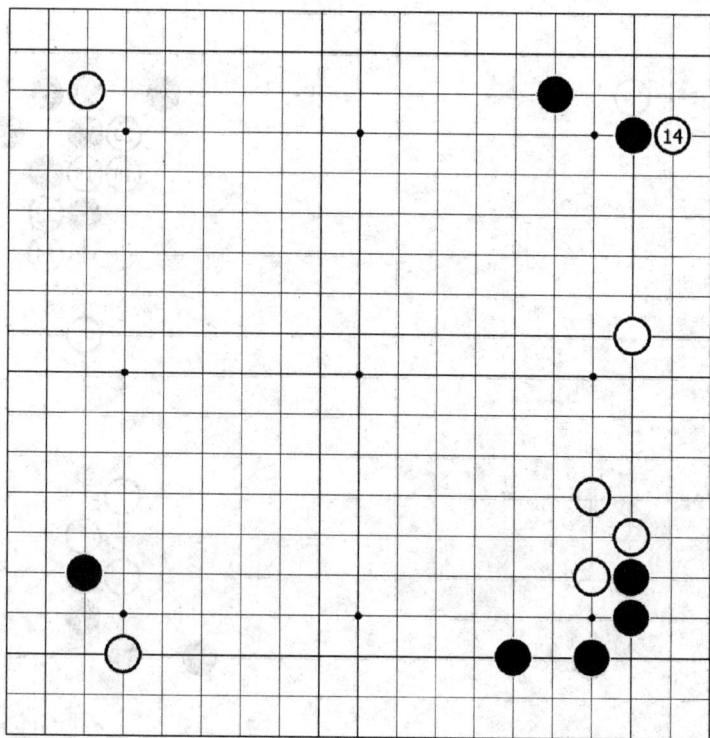

实战图四：14

白⑭出奇兵直接冲击黑角护卫士兵，是一种高级战术。

《凡遇要处总诀》摘句之十三：

互关兼镇必关，任择飞尖与托。

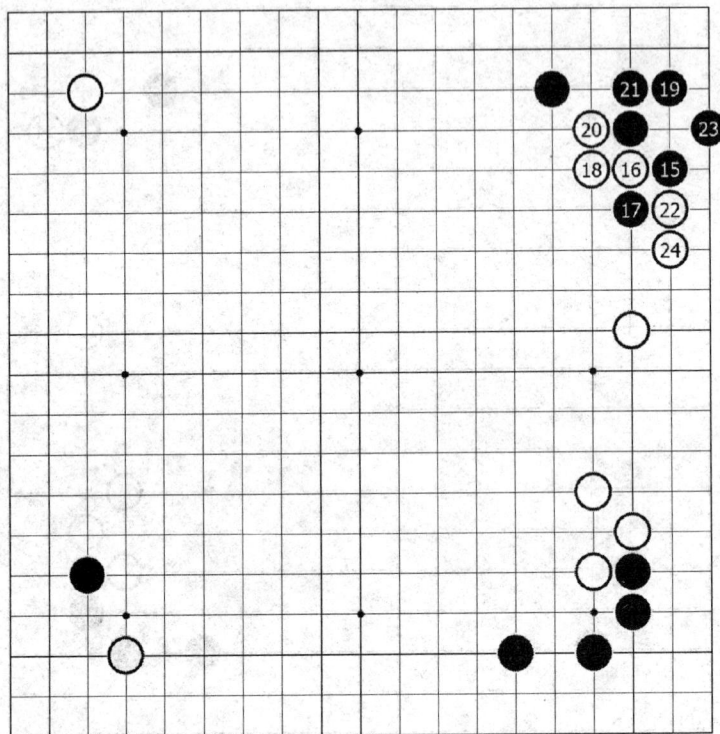

实战图五：15-24

双方攻防作战至白㉔告一段落。

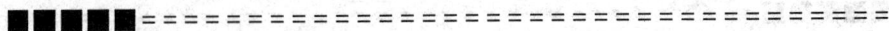

《凡遇要处总诀》摘句之十四：

两打同情不打，推敲扳虎兼长。

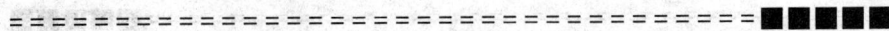

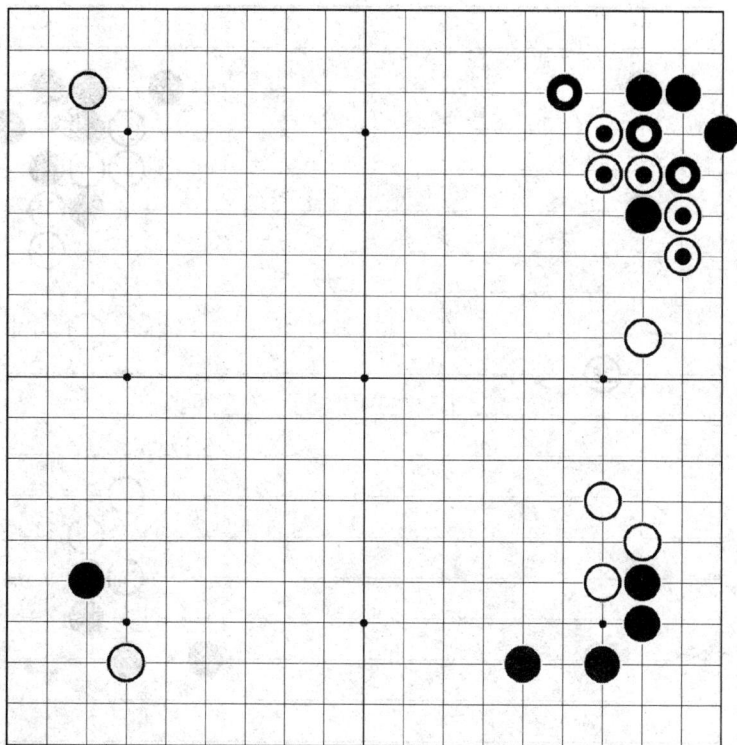

续战图五：**围地示意图**

以双方的 ◖ ◉ 棋子为界，大致划出了黑角地与白边地的分界线。

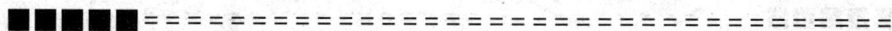

《凡遇要处总诀》摘句之十五：

隔二隔三，局定飞边行乃紧。

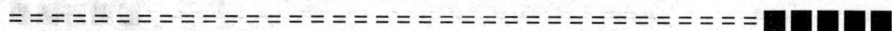

实战图六：25-26

黑㉕转投左上边，目的有二：限制白角地扩展，与黑⑬形成呼应；伺机围垦左边的地域。

白㉖意在防止黑方在左边形成大规模的阵势。

《凡遇要处总诀》摘句之十六：

拆三拆四，分势关腹补为良。

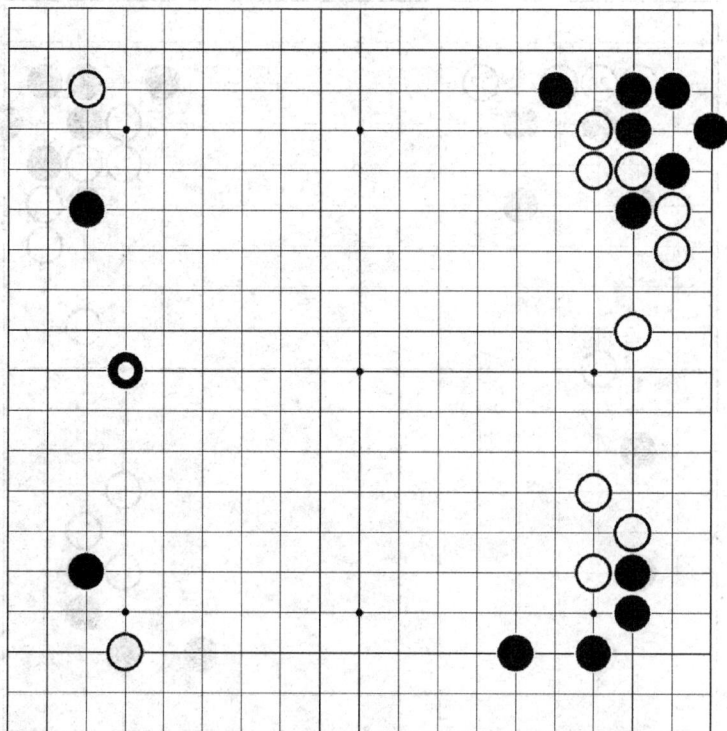

续战图六：**围地示意图**

黑方如占领⬤点，左边会形成大片边地的阵势。

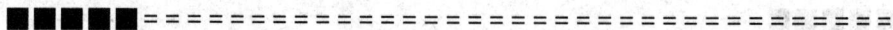

《凡遇要处总诀》摘句之十七：

象眼尖穿忌两行，飞柔制劲。

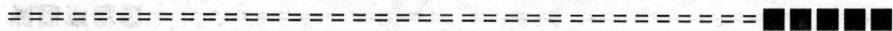

实战图七：27-33

黑㉗至㉛在压制白角扩展的同时加强自身安全。黑㉝有两种作用：一是自己有了可以做眼的根据地，同时亦可夺取白㉖做眼的根据地。

《凡遇要处总诀》摘句之十八：

马步镇逼常单跨，软扳硬冲。

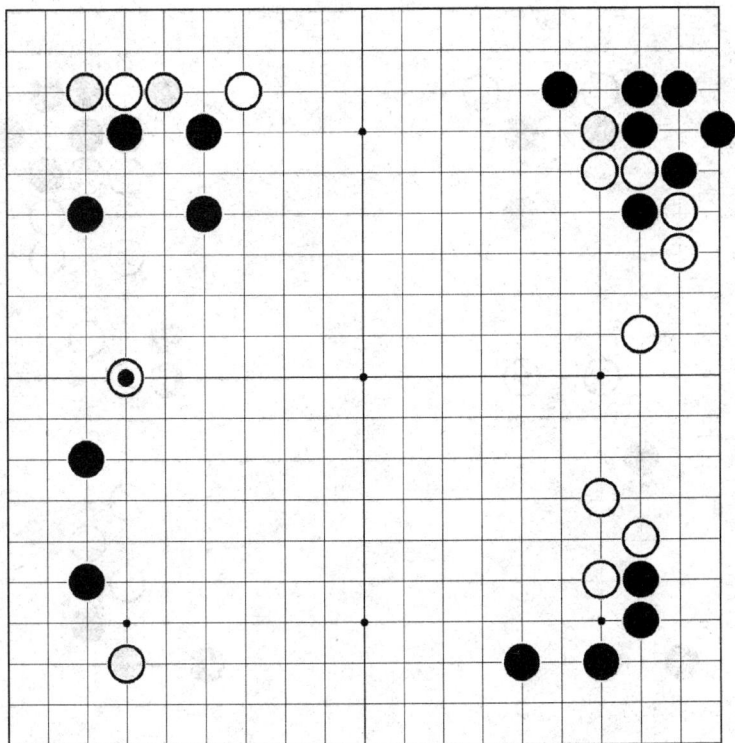

续战图七：**围地示意图**

白◉子处在上下黑棋的夹击之中。

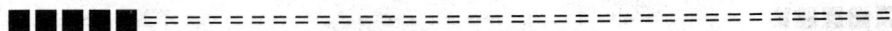

《凡遇要处总诀》摘句之十九：

并二腹中堪拆二，须防关扭。

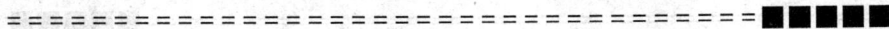

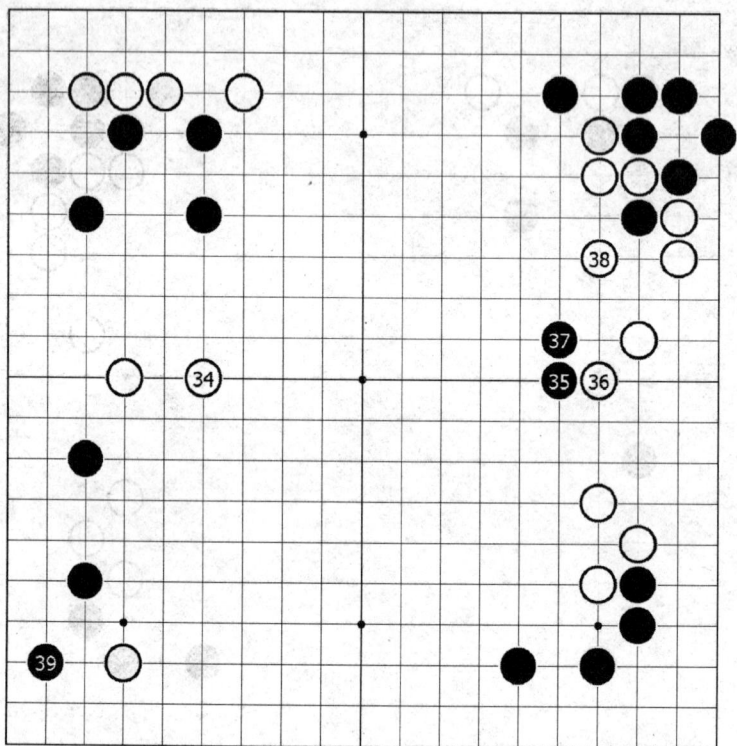

实战图八：34—39

白㉞跳向中原，使白棋出路宽敞。

黑㉟、㊲两子意在压缩左边白棋向中腹发展的空间，同时仍然从远处瞄着白㉖、㉞两个没有根据地的白子。黑㊴似小实大。

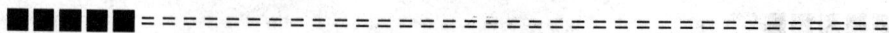

《凡遇要处总诀》摘句之二十：

双单形见定敲单，乃令粘重。

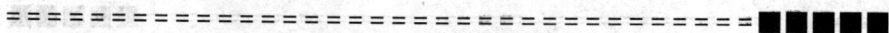

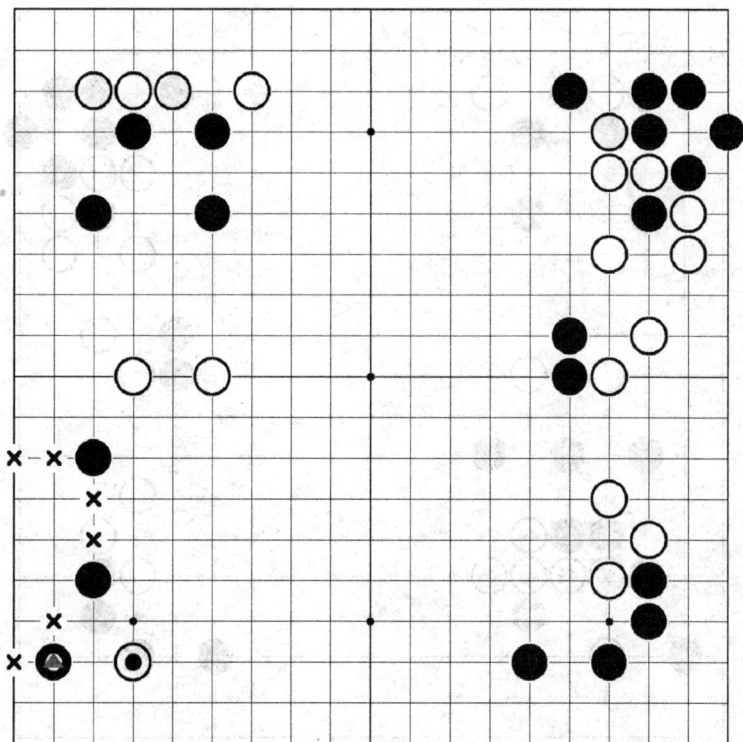

续战图八：围地示意图

黑⊙等三子基本围住了一块可以确保做眼的根据地（✕与黑子组成的防线内）。而白◉一子还没有做眼的根据地。

《凡遇要处总诀》摘句之二十一：

阴虎扁输阳虎畅，小飞窄逊大飞宽。

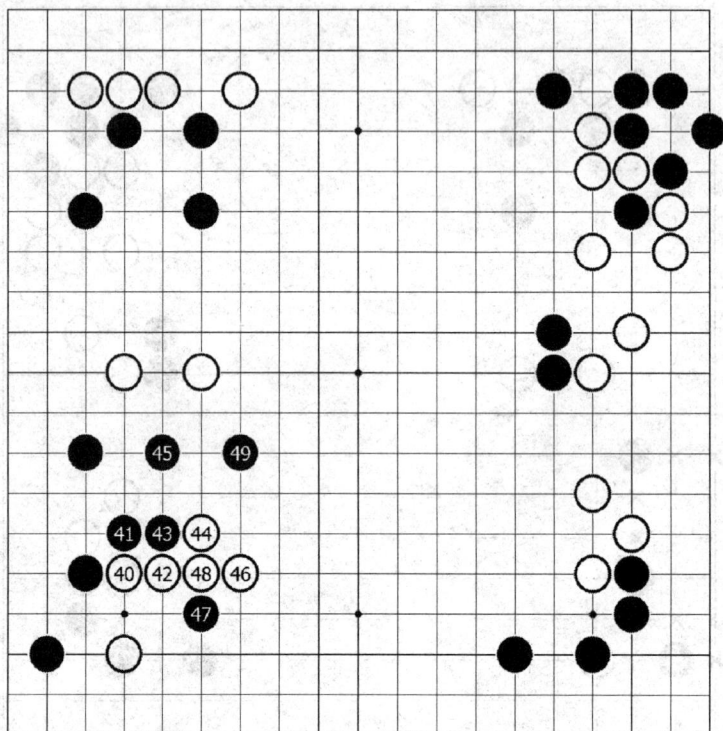

实战图九：40-49

白方在压制黑棋的同时，建立起白棋左下角根据地。

黑㊾跳出头后，我们会发现原本出路宽敞的白棋㉖、㉞又面临着被围困的局面。

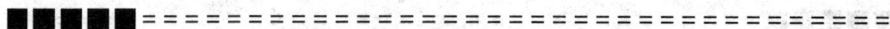

《凡遇要处总诀》摘句之二十二：

拆三利敌虚高一，隔二攻孤慎落单。

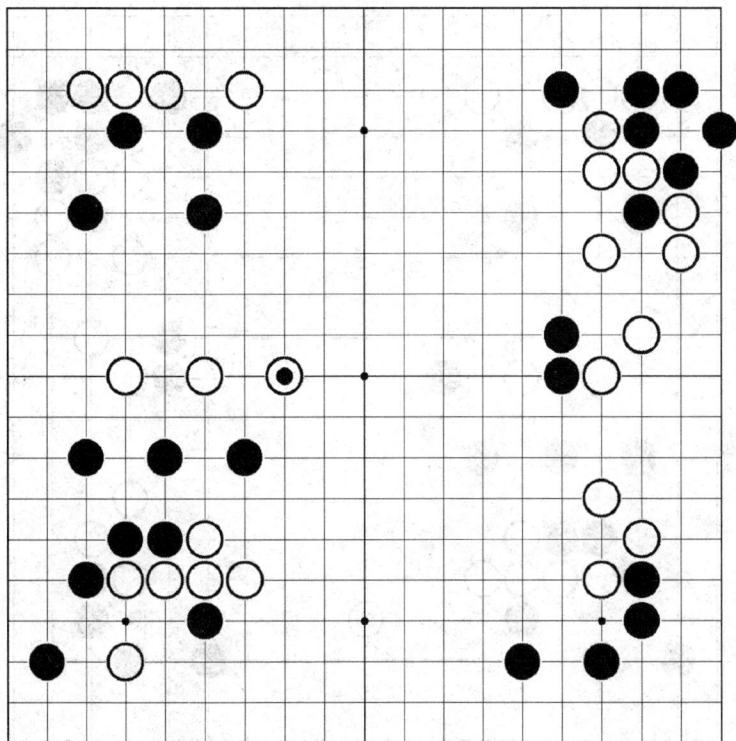

续战图九：围地示意图

白⊙跳即可出头宽敞又能与左边黑二子逐鹿中原。似是当务之急。

《凡遇要处总诀》摘句之二十三：

立二拆三三拆四，攻虚宜紧紧宜宽。

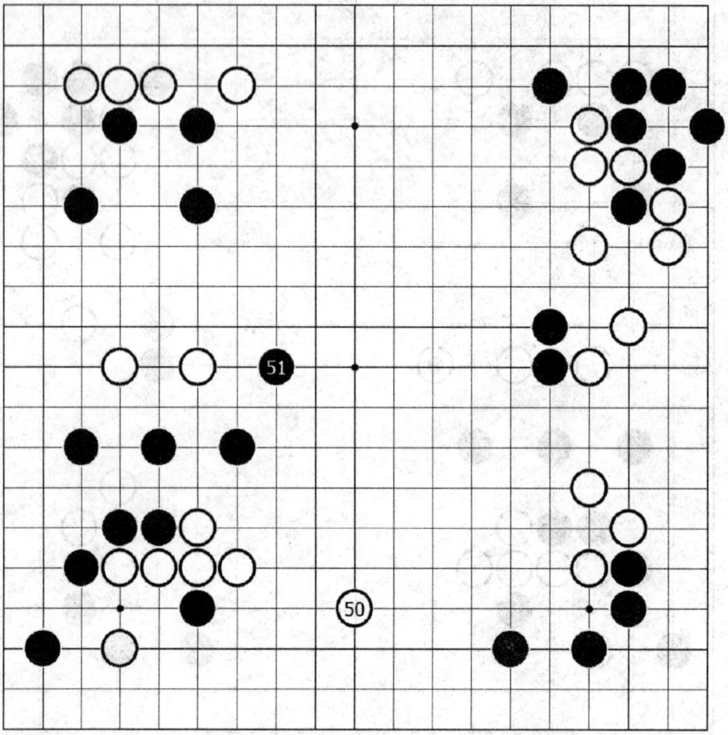

实战图十：50-51

但是，白㊿抢先拓展下边的根据地。

黑(51)是一石三鸟的强手：

一是堵住白㉖、㉞向中原的出路；

二是严厉地威胁白二子的生存；

三是与黑㉟、㊲两子在中间形成围地之势。

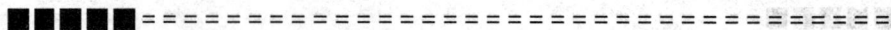

《凡遇要处总诀》摘句之二十四：

两番收腹成犹小，七子沿边活也输。

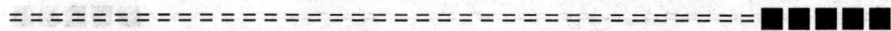

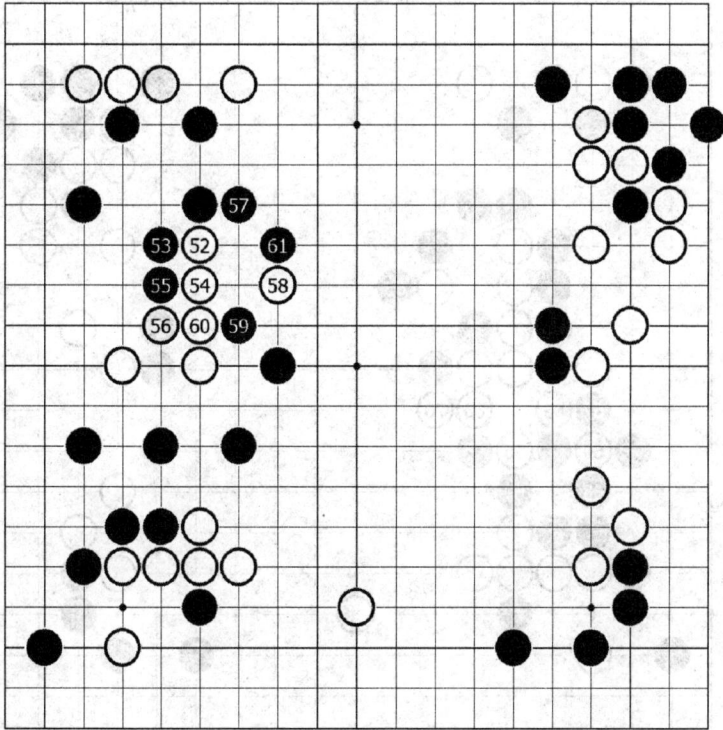

实战图十一：52-61

白㊷开始在黑方的包围中腾挪，寻找出路。

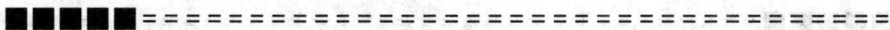

《凡遇要处总诀》摘句之二十五：

两处有情方可断，三方无应莫存孤。

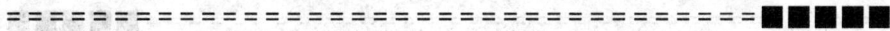

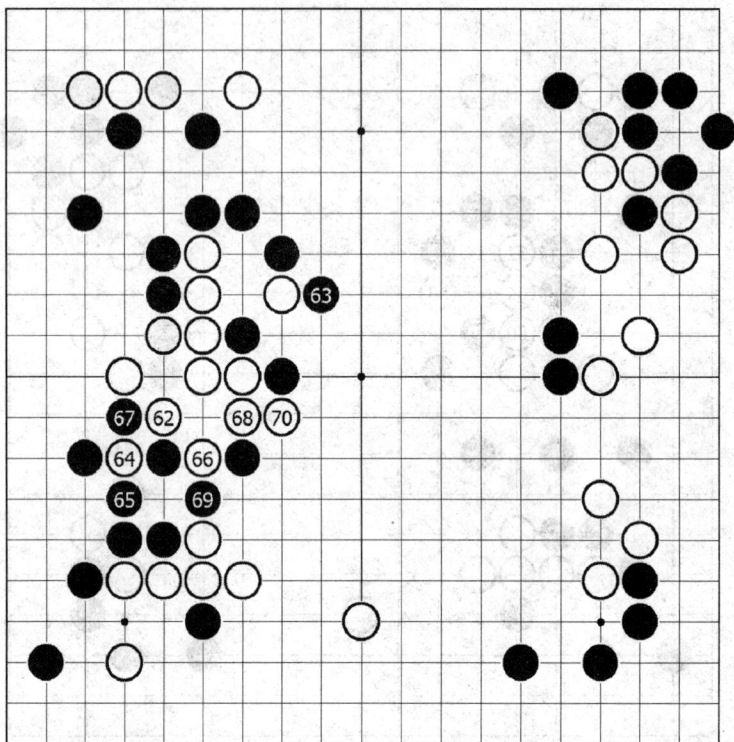

实战图十二：62-70

至黑**67**，白棋已成功地逃出黑棋的围攻。

黑方也在攻击中加强了中腹围地的兵力部署。

精华已竭多堪弃，劳逸攸关少亦图。

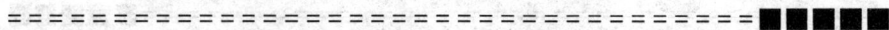

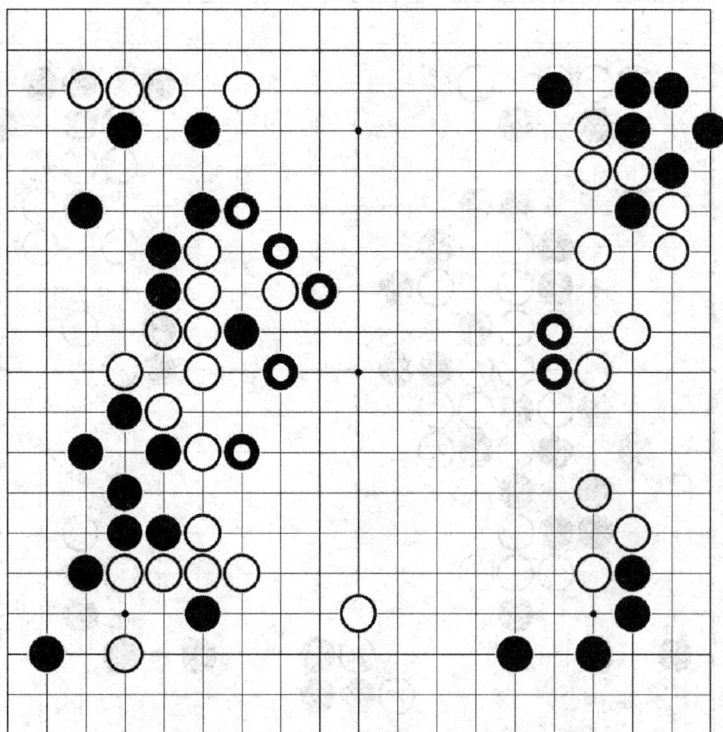

续战图十二：围地示意图

至黑**67**时，黑⚫等子在中原形成了围地的雏形。

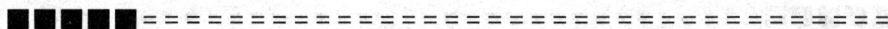

《凡遇要处总诀》摘句之二十七：

滚打包收俱谨避，反敲盘渡并宜防。

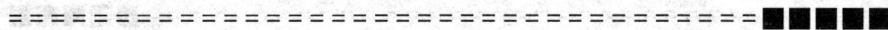

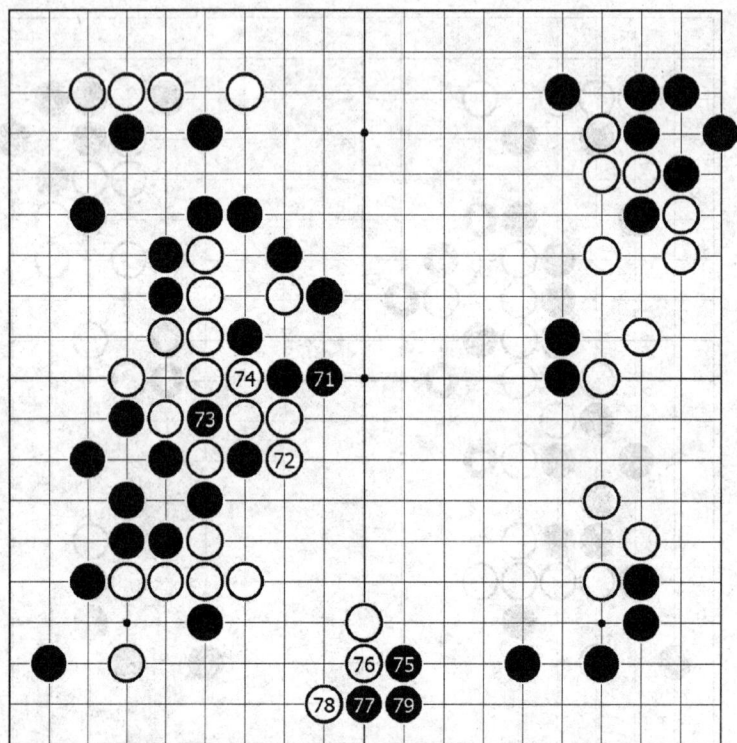

实战图十三：71-79（黑⑦提掉了白⑥⑥）

黑⑦⑤至⑦⑨最大限度地扩展下边黑方地域并挤压白棋可能扩展的空间。

《凡遇要处总诀》摘句之二十八：

静能制动劳输逸，实本攻虚柔克刚。

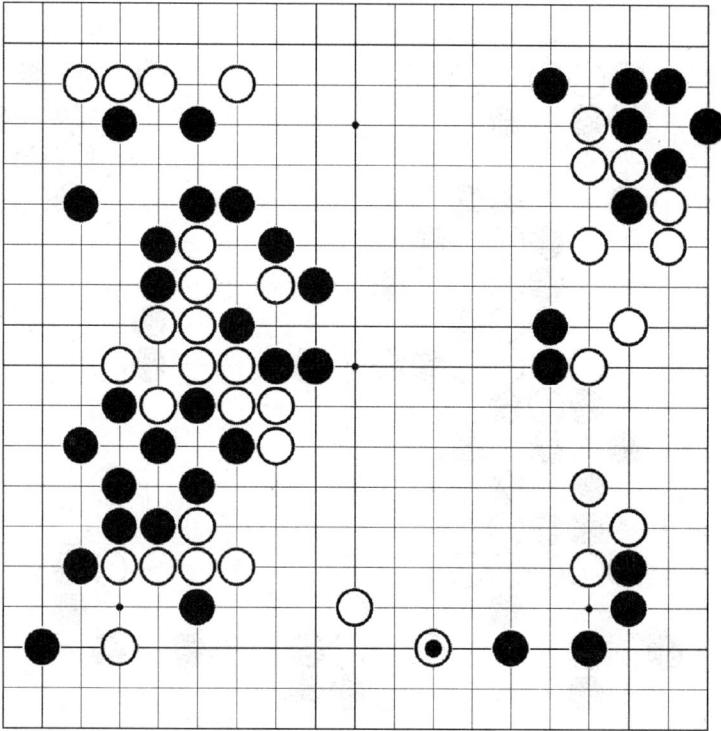

续战图十三：**围地示意图**

假如白方占得⊙位，下边双方地域数量的出入是很大的。

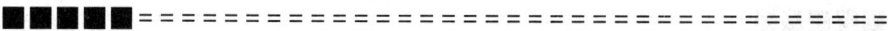

《凡遇要处总诀》摘句之二十九：

台象生根点胜托，矩形护断虎输飞。

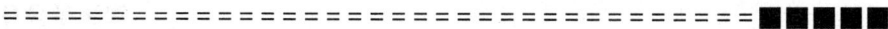

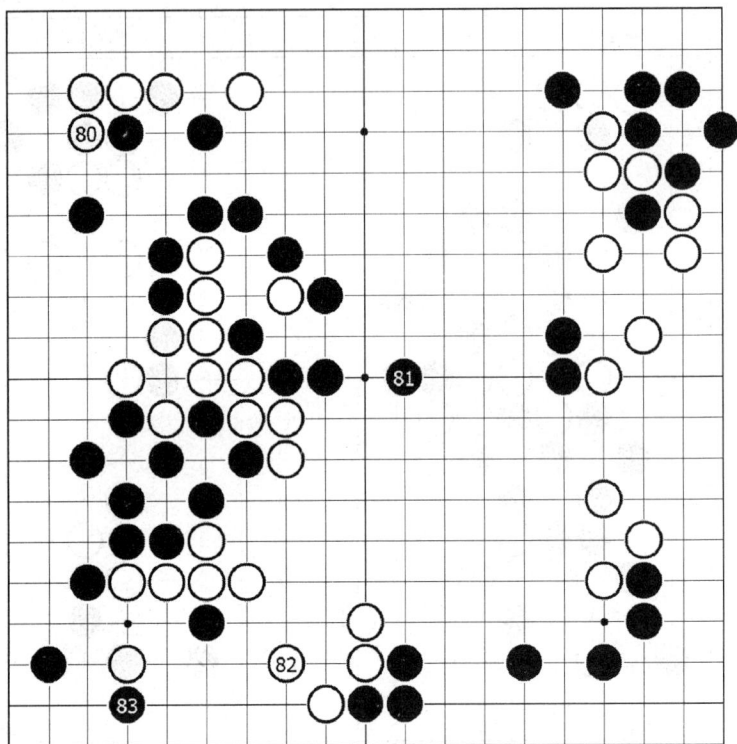

实战图十四：80-83

白⑧⓪拐，扩大自己角部实地的同时夺取黑棋的根据地。

黑⑧①加强中腹的防守。

白⑧②补上下边防线的缺陷。

黑⑧③趁机扩大自己的角部地域，同时也挤压白棋的地域。

■■■■■==================================

《凡遇要处总诀》摘句之三十：

觑敲有变宜从紧，刺引无根可待几。

==================================■■■■■

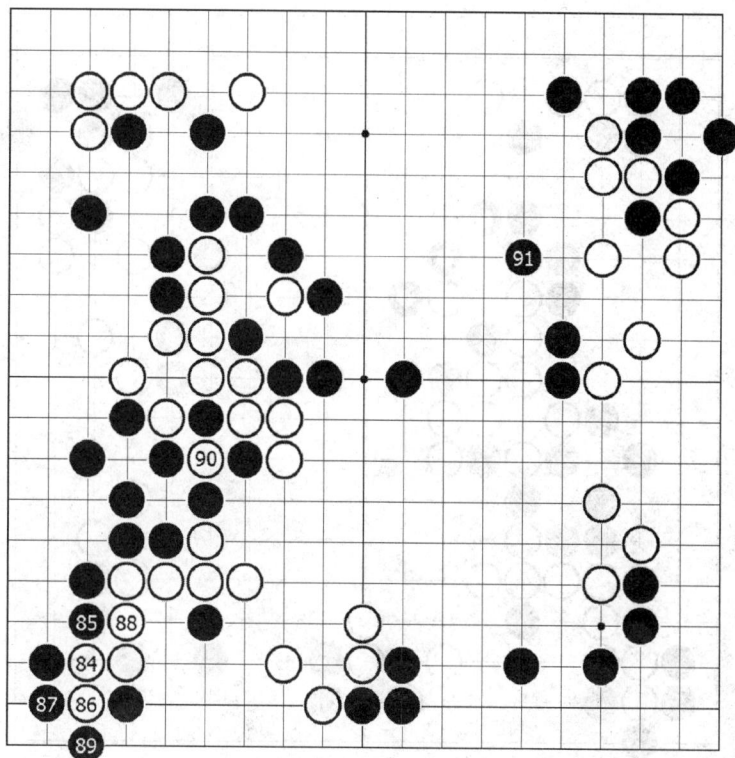

实战图十五：84-91（白⑨⓪提掉了黑⑦③）

黑❾❶意在压制封锁左边白方势力，确保自己在中腹能围出一块根据地。

《凡遇要处总诀》摘句之三十一：

凡义当争一看净，诸般莫待两番清。

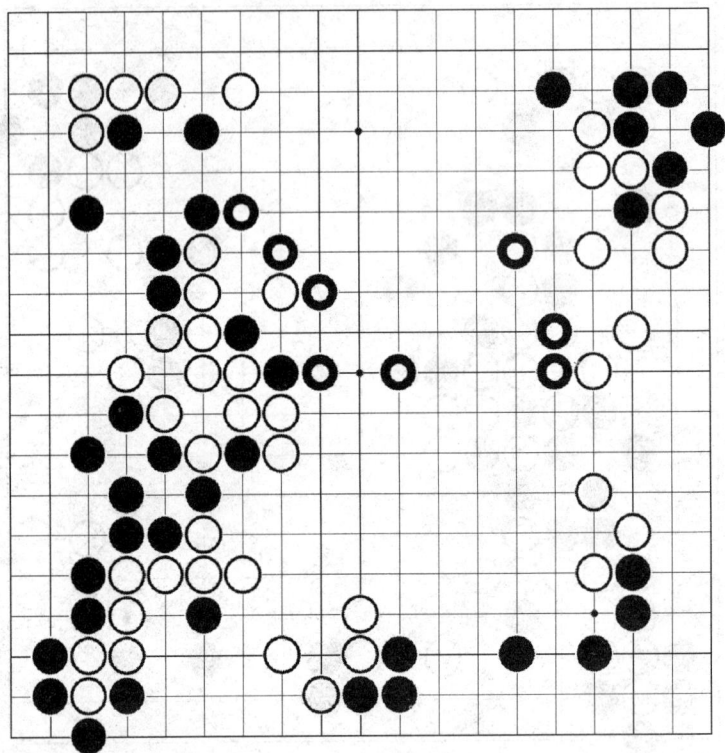

续战图十五：**围地示意图**

黑⬤等子在中原围地的轮廓已经很明显。

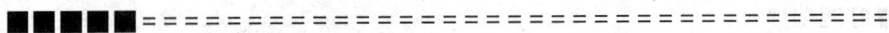

《凡遇要处总诀》摘句之三十二：

逸劳互易忙须夺，彼此均先路必争。

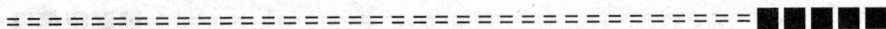

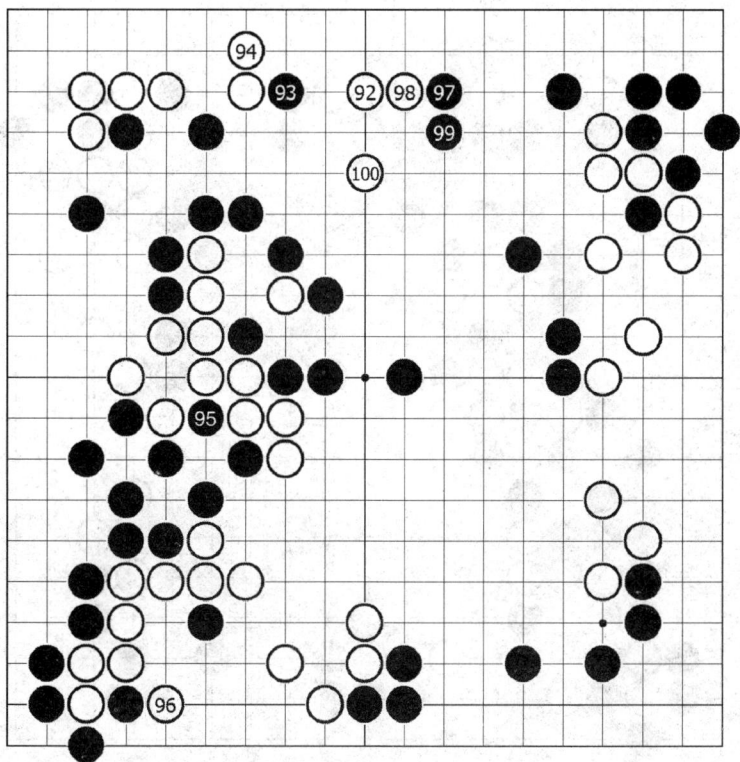

实战图十六：92-100（黑㊄提掉了白⑨⑩）

白⑩⑩矛头直指黑方中腹，意在削减黑方在中腹的地域范围。

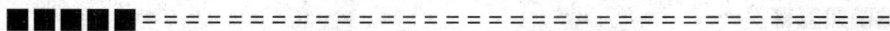

《凡遇要处总诀》摘句之三十三：

二网张边侵共逼，两花争角逸兼攻。

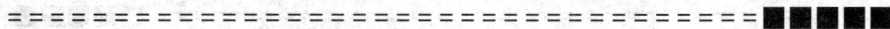

实战图十七：101—110

黑方则在攻击白棋的同时加强自身的防卫。

《凡遇要处总诀》摘句之三十四：

后先有变机从紧，左右无孤势即空。

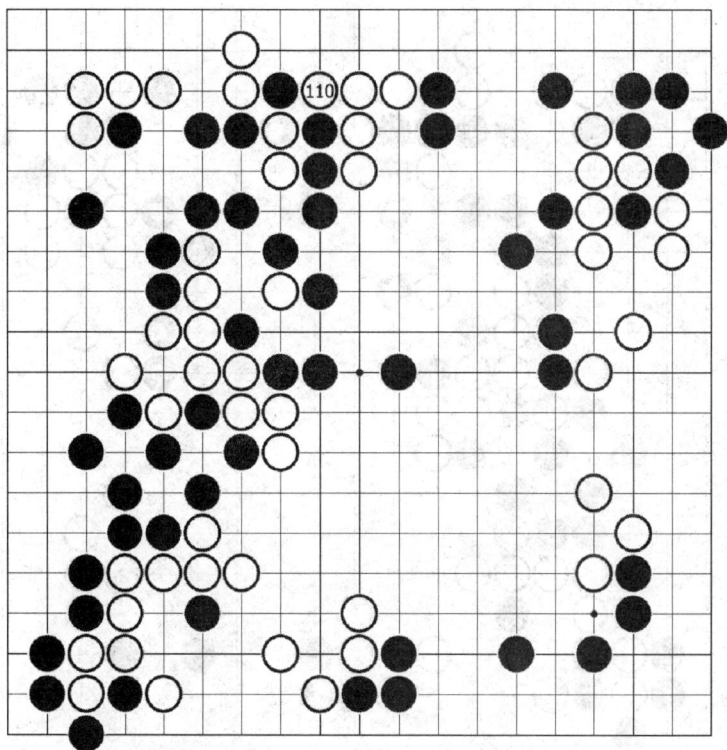

续战图十七：围地示意图

现在局面，黑棋下一步走哪里？

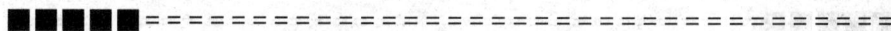

《凡遇要处总诀》摘句之三十五：

局定飞边根欲足，势分入腹路皆公。

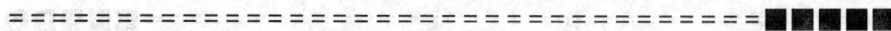

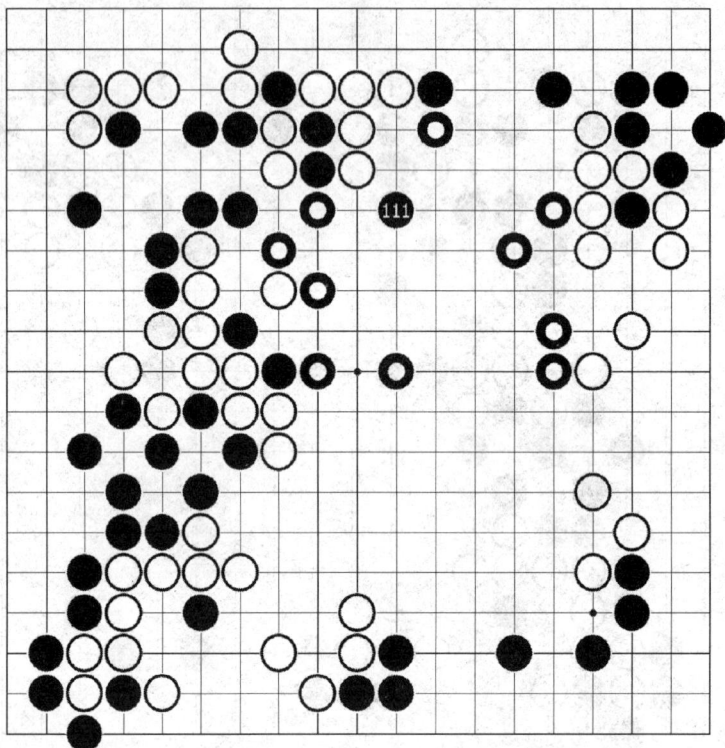

实战图十八：111

黑⑪成功地封闭了防线的缺口，完成了在中原围出一块较大的地域。至此，盘面上仅有中原下半部分的一片土地还没有明确归属。

《凡遇要处总诀》摘句之三十六：

休贪假利除他病，莫恋呆棋受敌制。

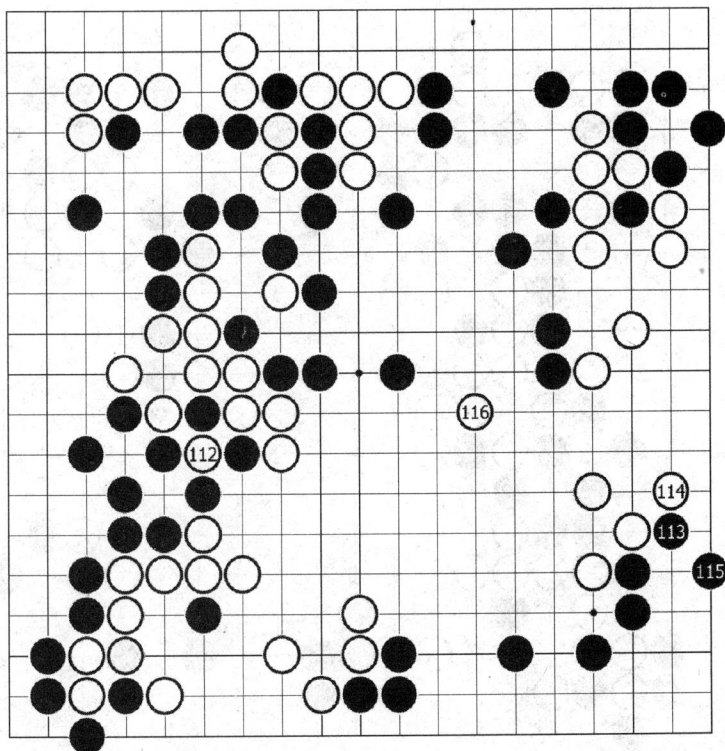

实战图十九：112-116

白⑪⑥好棋！一方面威胁要冲入黑方中间空地，限制黑中部再扩大，另一方面又可在左边堵住黑棋出头，使左边白棋根据地向中间扩展。

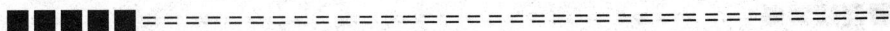

《凡遇要处总诀》摘句之三十七：

取重舍轻方得胜，东敲西击定成功。

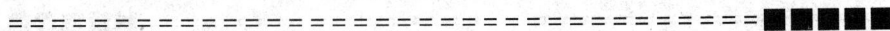

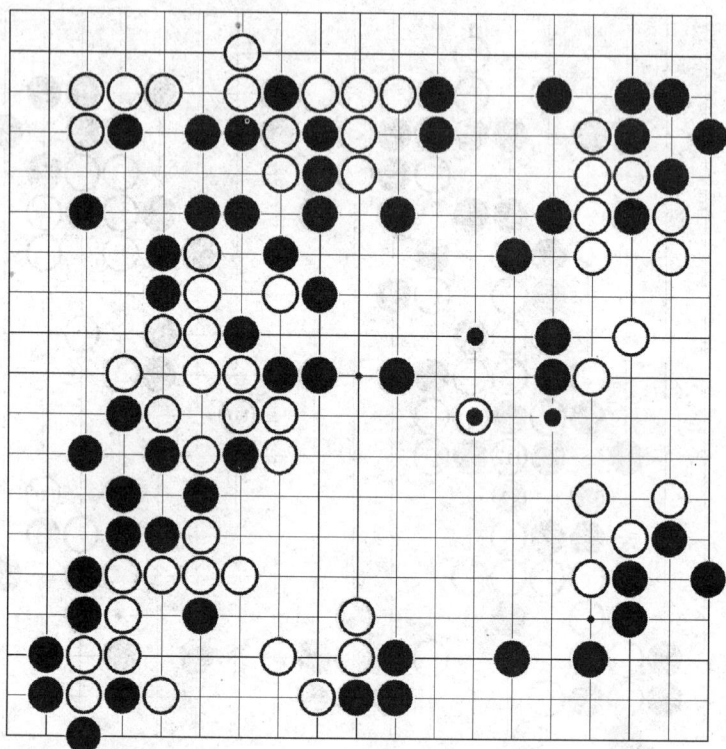

续战图十九：围地示意图

白走⊙子后产生两个●好点。

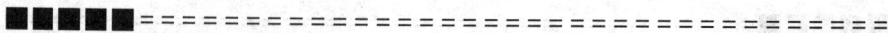

《凡遇要处总诀》摘句之三十八：

当枰默会诸般诀，万法先几一顾中。

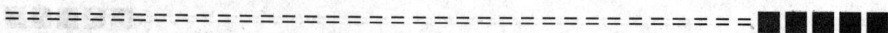

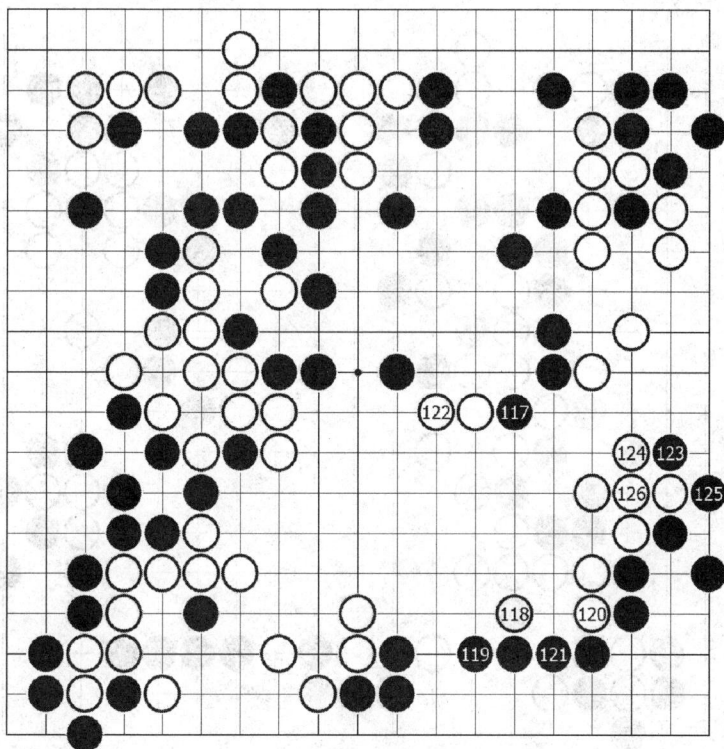

实战图二十：117-126

黑⑰直接顶住白⑯，有效地破坏了白方的意图。

中央开花三十目

在棋盘上，三线以下为"地"，四线以上为"势"。势就是外势。在棋盘上，"中央"一般是指四线以上的地方。棋谚"中央开花三十目"的意思是说：在布局或中盘阶段，在中央一带提取一子的价值很大。"开花"即提子，"三十目"是形容开花后的巨大威力。

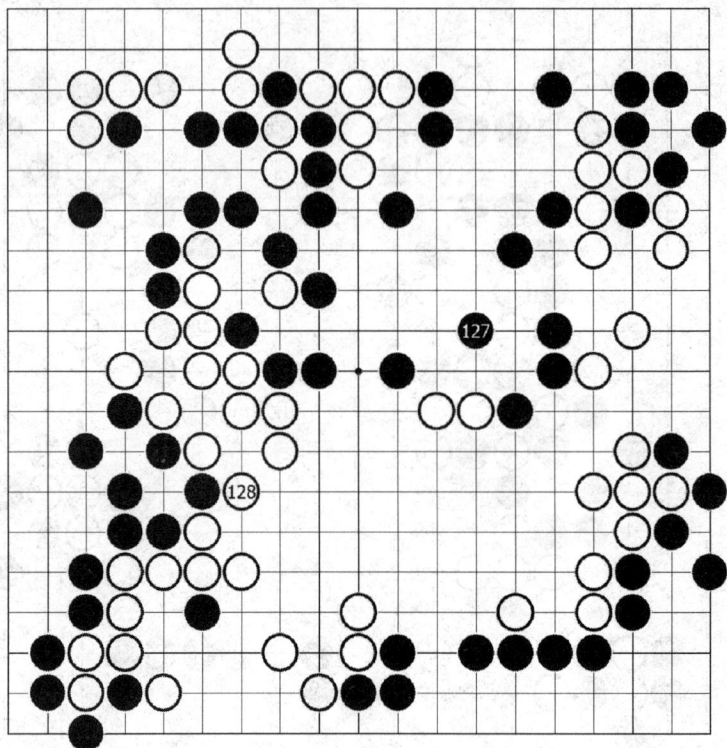

实战图二十一：127－128

黑❶❷守住中腹地域。

白❶❷很大。不仅是提黑一子，连成一片的白子还增加了扩展中下部地域的机会。

●○棋谚

"敌之要点即我之要点"

棋谚说：在判断要点时，可以站在对方的立场上走棋，对方必须占据的点，往往就是我方必须要占据的要点。

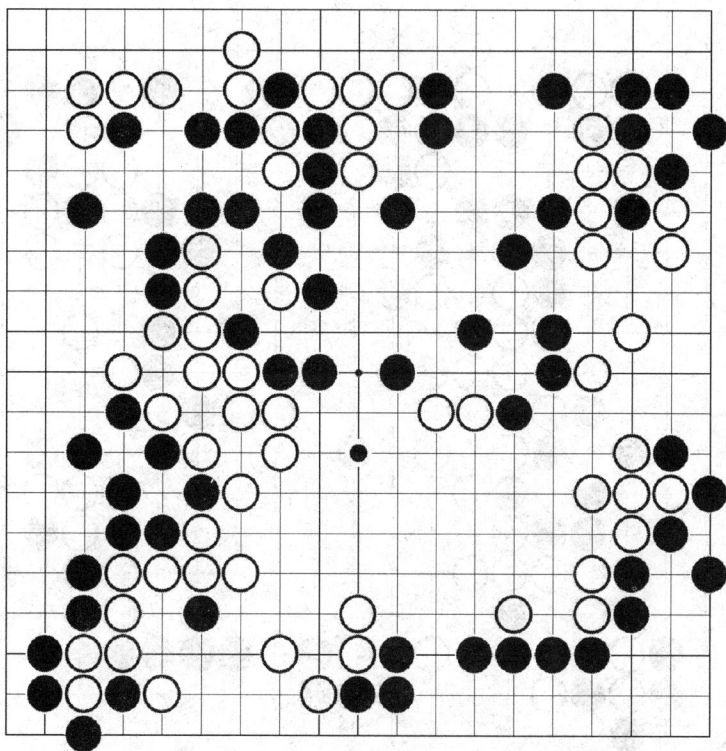

续战图二十一：围地示意图

白方如能再占领●位置，左下根据地向中间发展会围出不少地。

●○古诗

观　棋

宋　石介

人皆称善弈，伊我独不能。

试坐观胜败，黑白何分明。

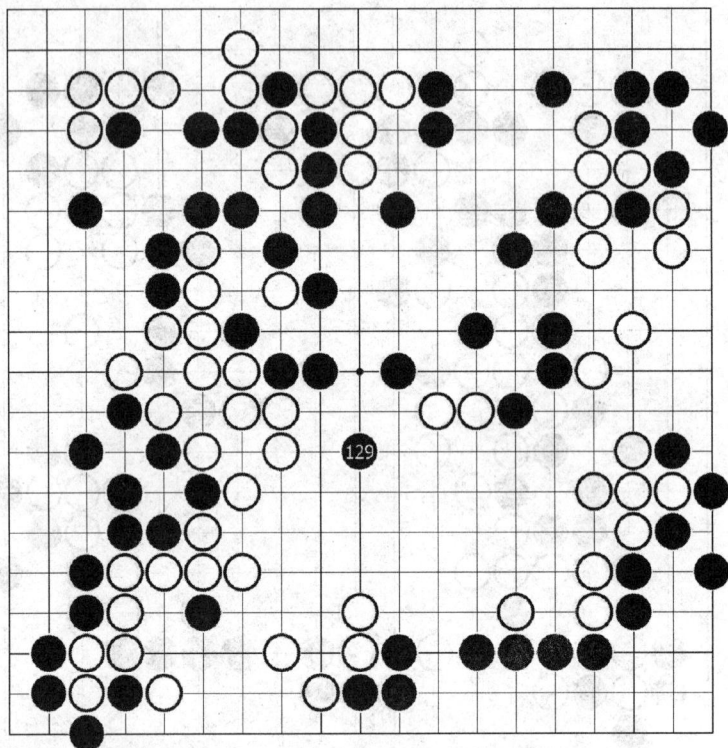

实战图二十二：129

黑❶❷❾从上飞下占领好点。同时还威胁要围歼白方中腹二子。

青山不厌三杯酒，长日惟消一局棋。

——唐 李远《唐语林》

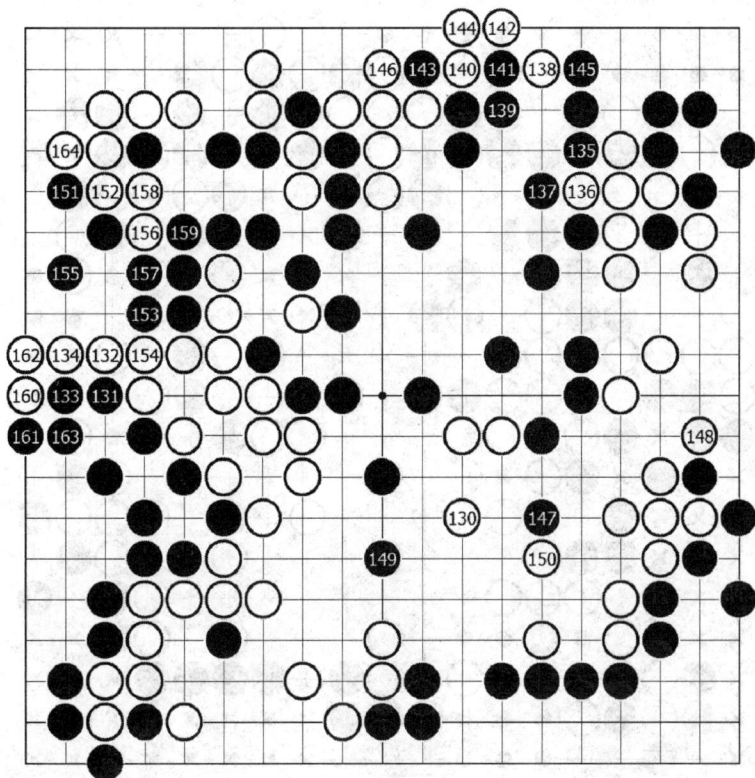

实战图二十三：130-164

至黑⑭时，双方在中原下方都没有可能围出较大空了。

至白⑯挡，护住角地后，双方占领的根据地已基本确定，余下的争夺战出入不大了。

<hr>

●○诗句

局中局外两沉吟，犹是人间胜负心。

——清　纪晓岚《题八仙对弈图》

●○

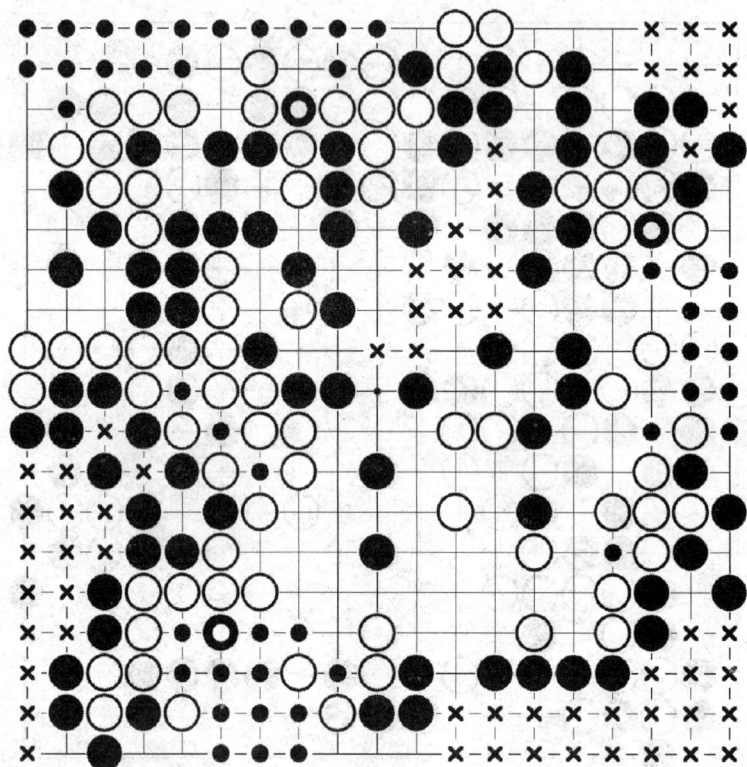

续战图二十三：围地示意图

黑方区域内的✕点示意黑方实际获得的空点；

白方区域内的●点示意白方实际获得的空点。

没有标志的地方是未确定归属的地点。

●○诗句

山僧对棋坐，局上竹阴清。

映竹无人见，时闻下子声。

——唐　白居易《池上二绝》

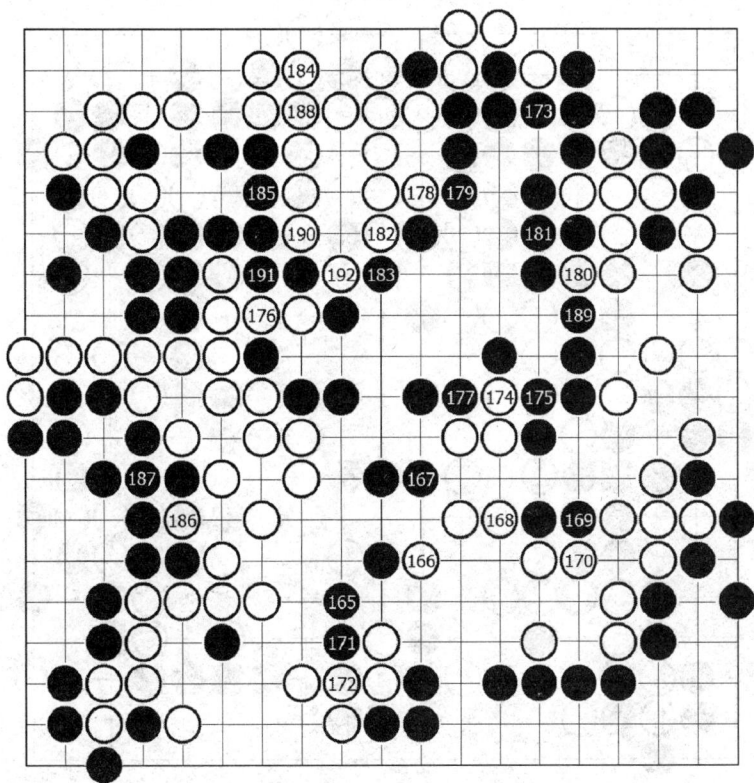

实战图二十四：165-192

白⑲提掉黑三子。

●○棋对联

　　　立大志，展宏图，足下踏破万里浪；
　　　先天下，后局部，胸中常有一杆棋。

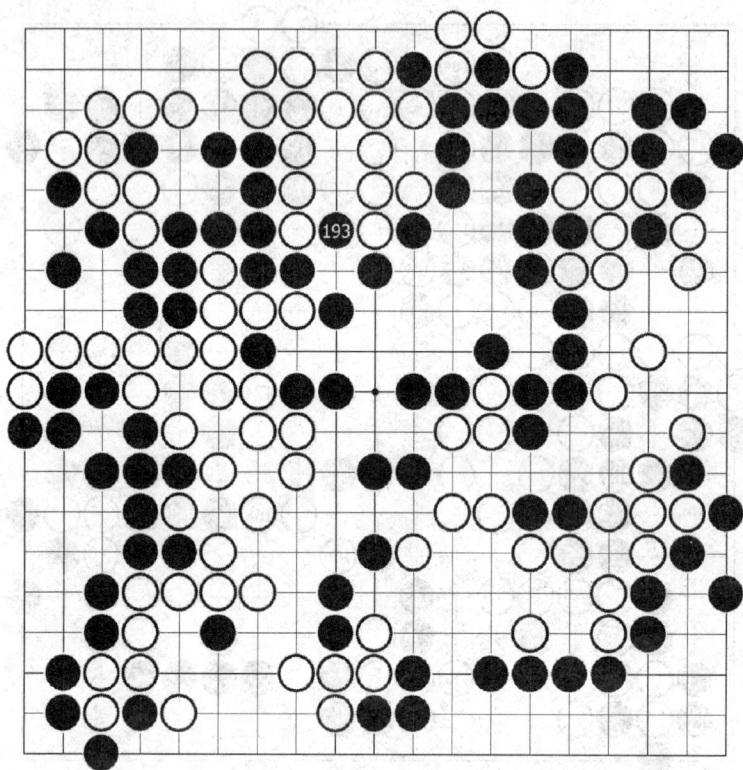

实战图二十五：193

黑⑲打三还一。

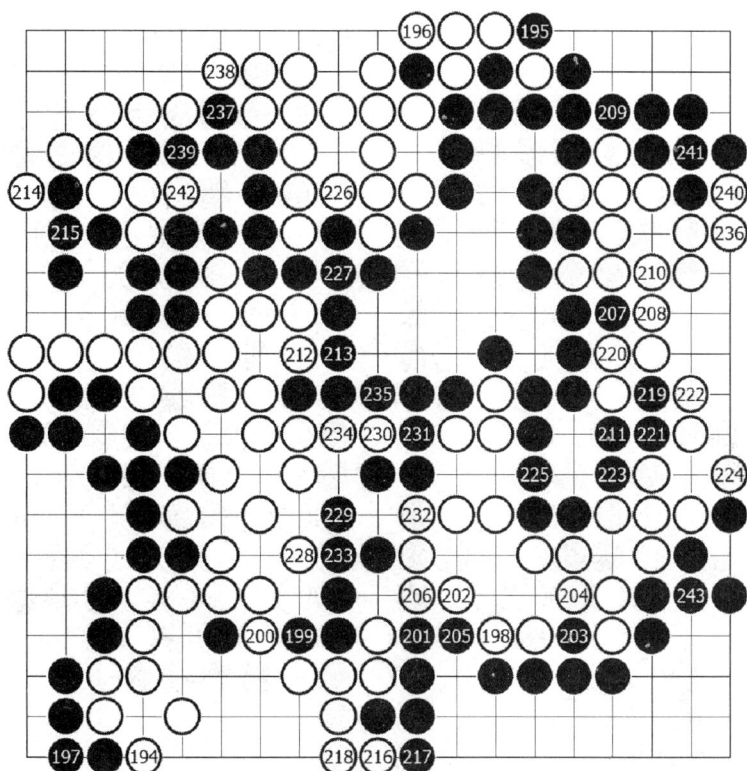

实战图二十六：194-243

至黑❷❹❸，棋盘上的地域争夺战已经结束。

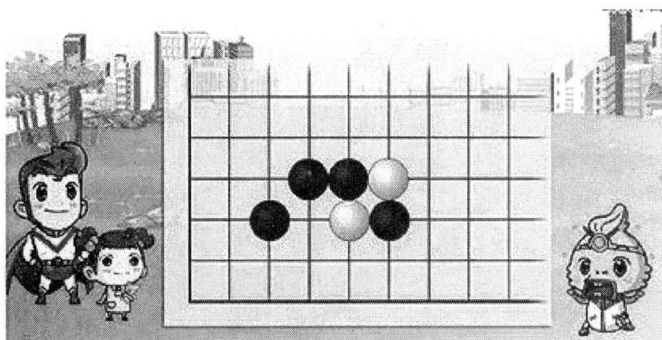

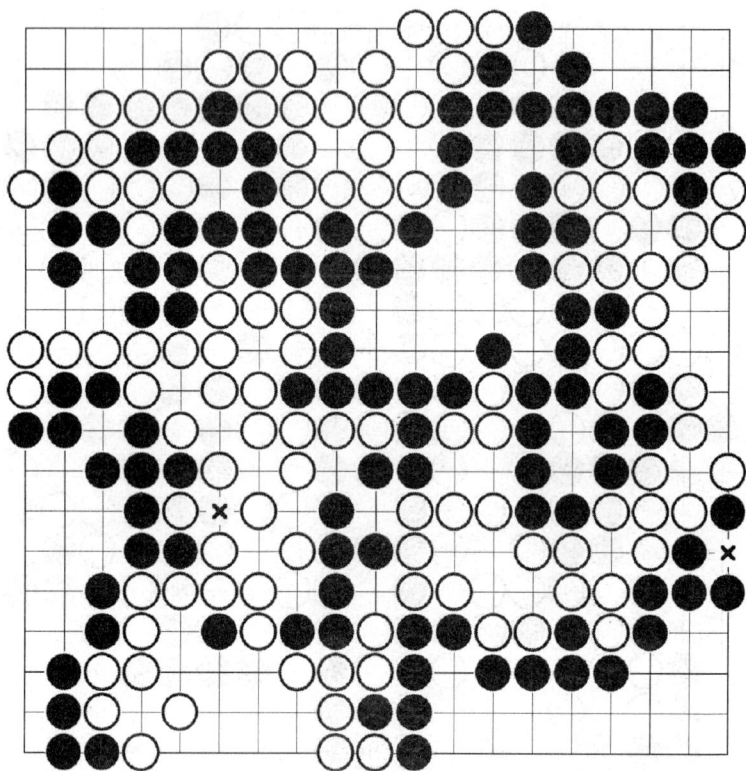

续战图二十六：围地示意图

棋盘上的地域争夺战已经结束。

现在盘面上还有两处×位单劫。

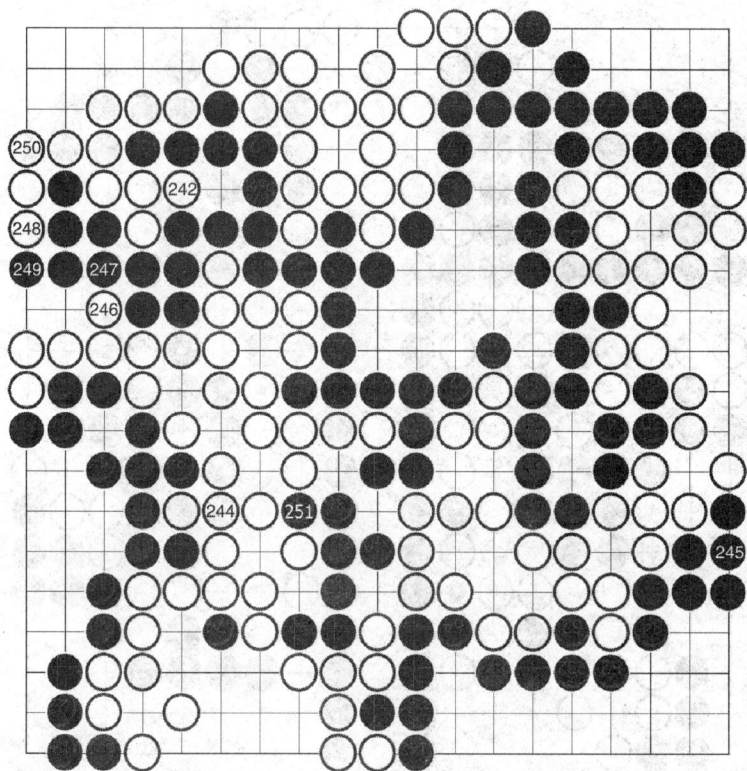

实战图二十七：244-251

白㉔与黑㉕分别消劫。

至此，棋盘上剩下的都是一人一个的单官子了。

原谱到此为止，我们试着续完。

当黑㉛时，白要注意了。

●○棋谚

精华已竭多堪弃

对于跑起来很累而且没有多少作用的棋子，应该舍去，这样往后行棋就不用背上包袱。对于要弃掉的棋子应该加以有效地利用。

●○

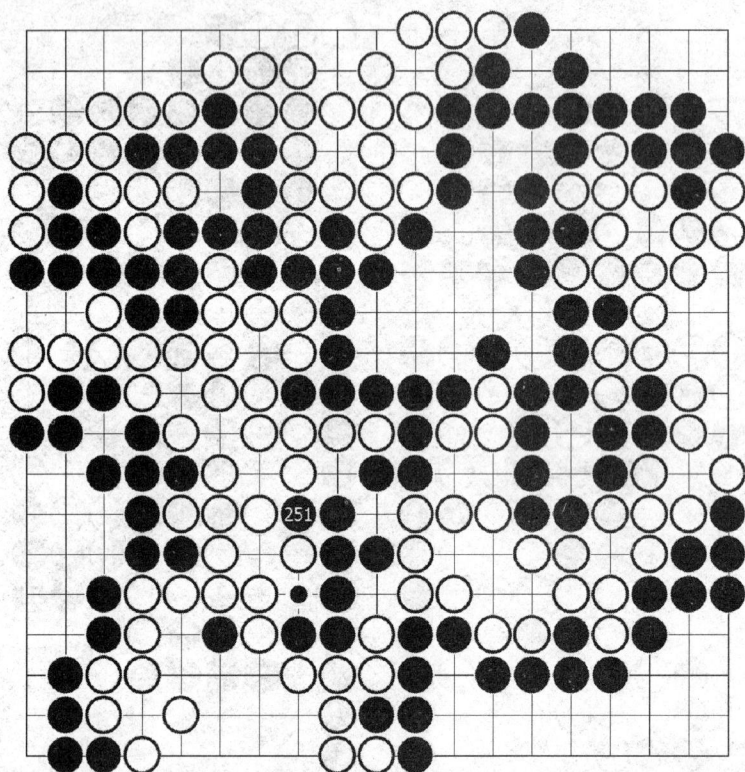

续战图二十七：围地示意图

图中●点如果被黑方走到，白方会损失一目棋的。

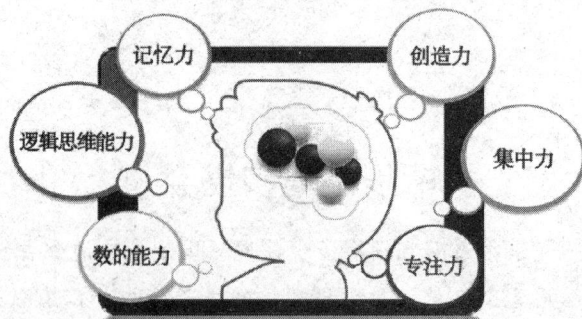

能提高学习能力的"围棋"

记忆力

创造力

逻辑思维能力

集中力

数的能力

专注力

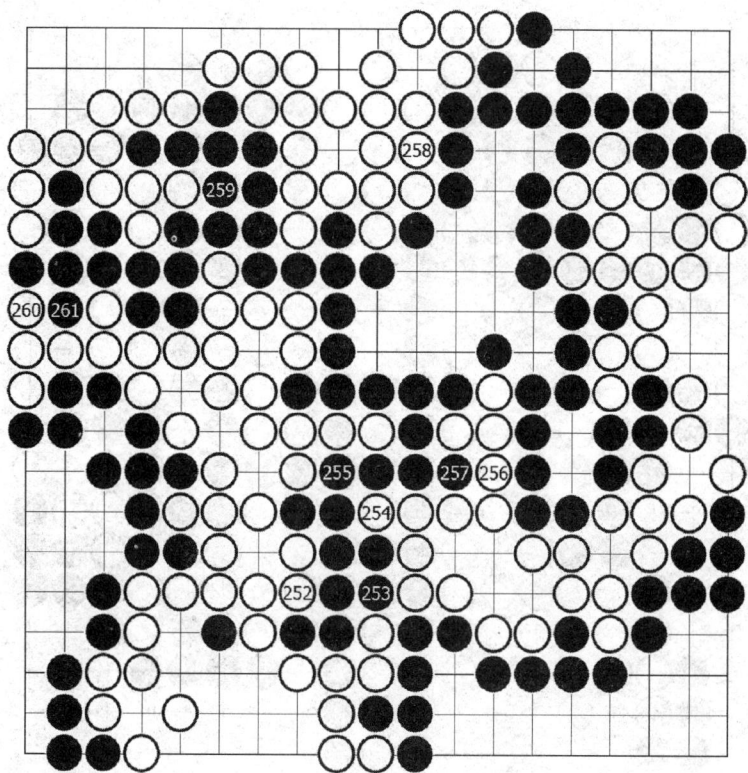

实战图二十八：252-261

至黑㉖，棋局全部结束。

●○棋谚--

三路之子送两个

在三路的棋子，因为某种原因而要被吃时，一定要往下再多走一个子，这样可以通过多延长出一口气，来加以利用，一般是在外边打吃包收，形成外势。

●○

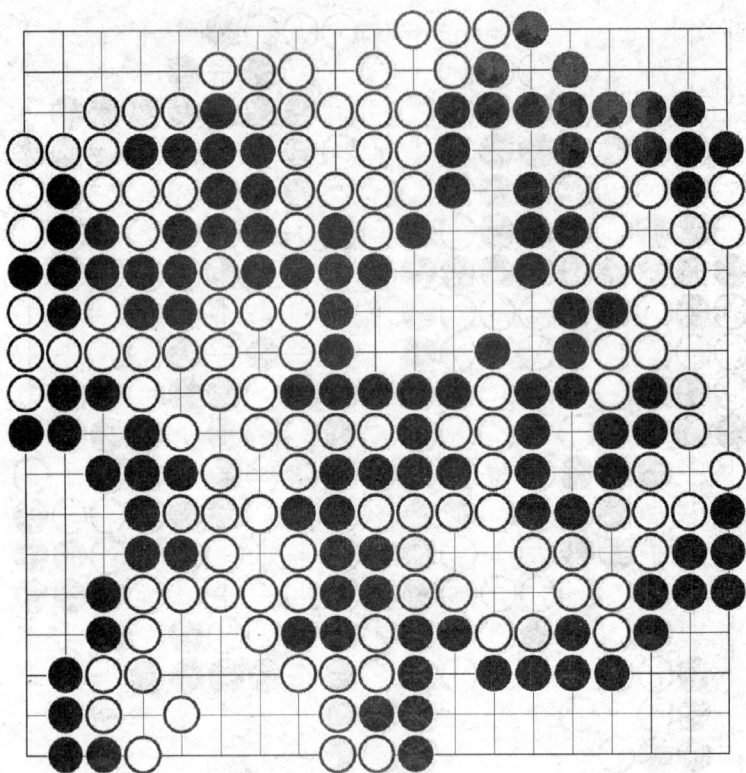

续战图二十八：围地示意图

双方清理出各自的死棋子（左下白空中的一个黑❹死子已拿掉）。

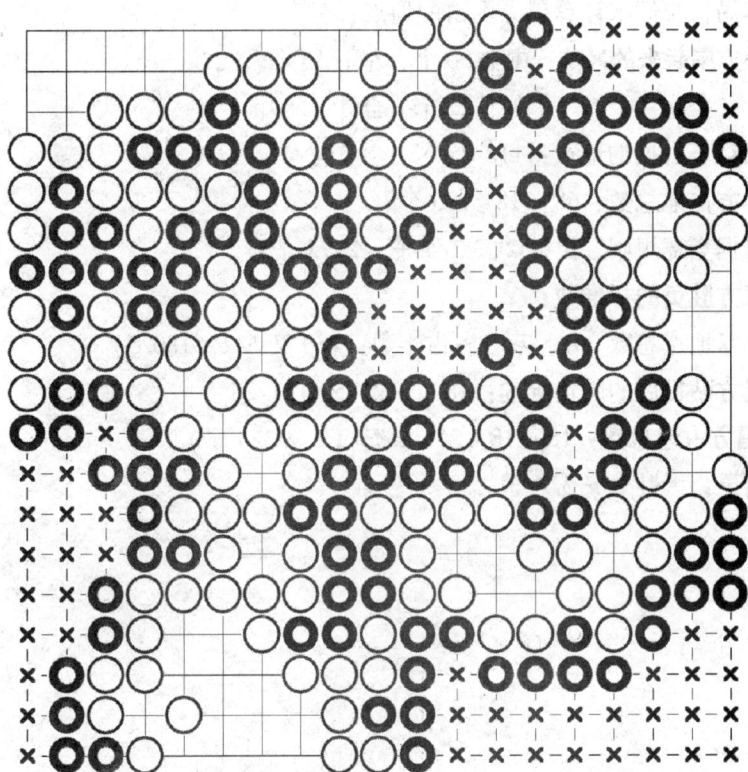

续战图二十八：**黑棋围地示意图**

黑⚫子和✕表示黑方所占领的地域总数。

现在可以清点各自围地的数量了。

本局，我们来计算黑方围占的地点：

黑方围起来的✕位：中上 30 个、左下 16 个、

右下 22 个、**合计**：68 个

黑⬤子占据的地点：118 个

黑方占地总数：68+118＝186 个

根据竞赛规则，黑贴 2 又 3/4 子（2.75 子）

双方胜负的标准数：

棋盘地点总数 361，双方各占半数：180 又 1/2（180.5）

黑方贴目后的胜负标准：180.5+2.75＝183.25

黑方占地总数：186−183.25＝2.75（2 又 3/4 子）

结果：黑胜 2 又 3/4 子。

●○

围棋中的让子棋

对弈双方的棋艺水平有差距，为了拉近双方的差距使胜负更有悬念，所以采用让子棋的对局。

围棋的让子棋一般是从让先到让九子。让先，也可以理解为让一子，即让下手执黑棋先下。让二子，黑棋在棋盘对角星各放一子（这是固定的），白棋先下。让三子是黑棋先放三子于三个角的星位上，四子是黑棋先放四子于四个角星位上，五子再加一个天元，六子是黑棋先放两个"三连星"，七子是再加一个天元，八子是除天元外的其他八个星位，九子就是九个星位的位置。让九子以上也可下，但无论胜负，基本都已经失去了指导棋的意义。

让子棋是不贴目的。但是中国的让子棋终局时黑要贴还让子数的一半。

第十五章 "90后豹子辈" 世界冠军的决胜谱

"90后豹子辈" "井喷" 创造历史

自 2013 年中、韩对抗拉锯战中 90 后及准 90 后中国新生代棋手们集体爆发，周睿羊、时越、范廷钰、陈耀烨、芈昱廷和唐韦星先后在百灵杯、第十七届 LG 杯、应氏杯、春兰杯赛、梦百合杯和三星杯赛中问鼎，至今又有柁嘉熹在第十八届 LG 杯、柯洁在第二届百灵杯夺冠，"中国制造"的围棋男子世界冠军已经有 16 人之多。

在中国围棋界，人们总是习惯地将棋手按年龄划线：

聂卫平和马晓春等为代表的"50后"和"60后"棋手统称为"聂马时代"；

常昊和罗洗河等为代表的"70后"棋手统称为"小龙辈"；

古力和孔杰等为代表的"80后"棋手统称为"小虎辈"；

江维杰、周睿羊等为代表的"90后"棋手统称为"豹子辈"。

在中国迄今为止的 40 位九段棋手中，"豹子辈"棋手中虽然只有 8 人，占 1/5，但他们人人都夺得过世界冠军，并根据中国棋院的奖励规定，得以从低段位直接升为九段的。

正是凭借这些"90后豹子辈"棋手在世界大赛上的优异表现，才使得中国围棋达到了历史性的超越。

"90后豹子辈"八位世界围棋冠军的决胜谱之

第十六届 LG 杯世界围棋棋王战 冠军

江维杰（1991 年 10 月生，上海）

2012 年 2 月，江维杰在第十六届 LG 杯世界围棋棋王战决赛中以 2：0 击败对手，获得个人世界冠军奖杯，同时根据中国棋院的奖励规定，段位等级也从五段直接升为九段。

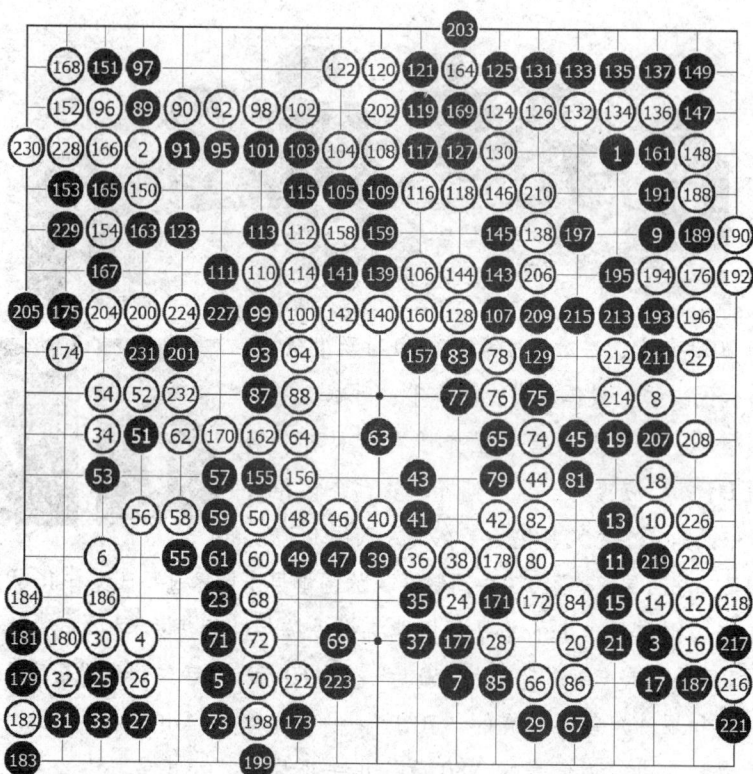

注：185＝182/225＝217

第十六届 LG 杯世界围棋棋王战决赛三番棋第二局

韩国 李昌镐九段 VS 中国 江维杰五段　共 232 手　白中盘胜

2012 年 2 月 15 日弈于 韩国首尔

"90后豹子辈"八位世界围棋冠军的决胜谱之

首届百灵爱透杯世界围棋公开赛 冠军

周睿羊（1991年3月生，广东深圳）

2013年1月19日，第一届百灵爱透杯世界围棋公开赛决赛五番棋，周睿羊以3:0战绩夺得个人首个世界冠军。根据中国棋院的奖励规定，段位等级从五段直接升为九段。

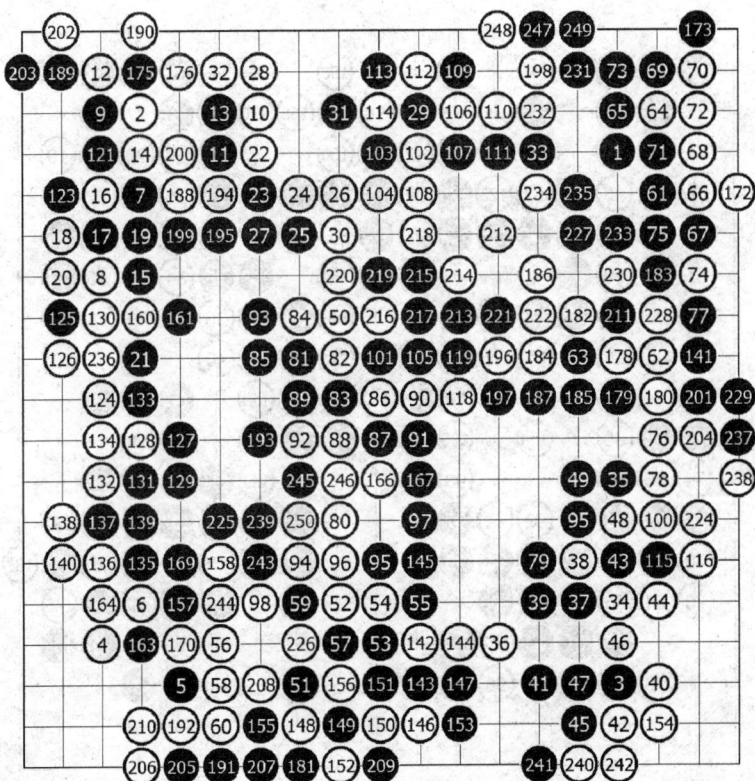

注：117、122＝29/120＝114/156、165、171、177＝149/162、168、174＝156/223＝38

首届百灵爱透杯世界围棋公开赛五番棋第三局

陈耀烨九段 VS 周睿羊五段 共250手 白中盘胜

2013年1月19日弈于 贵州黄果树

"90后豹子辈"八位世界围棋冠军的决胜谱之

第十七届 LG 杯世界围棋棋王赛 冠军

时越（1991年1月生，河南洛阳）

2013年，时越终于迎来自己职业生涯的第一个高峰。第十七届 LG 杯世界围棋棋王赛夺得职业生涯中第一个世界冠军，根据中国棋院的奖励规定，段位等级从五段直接升为九段。

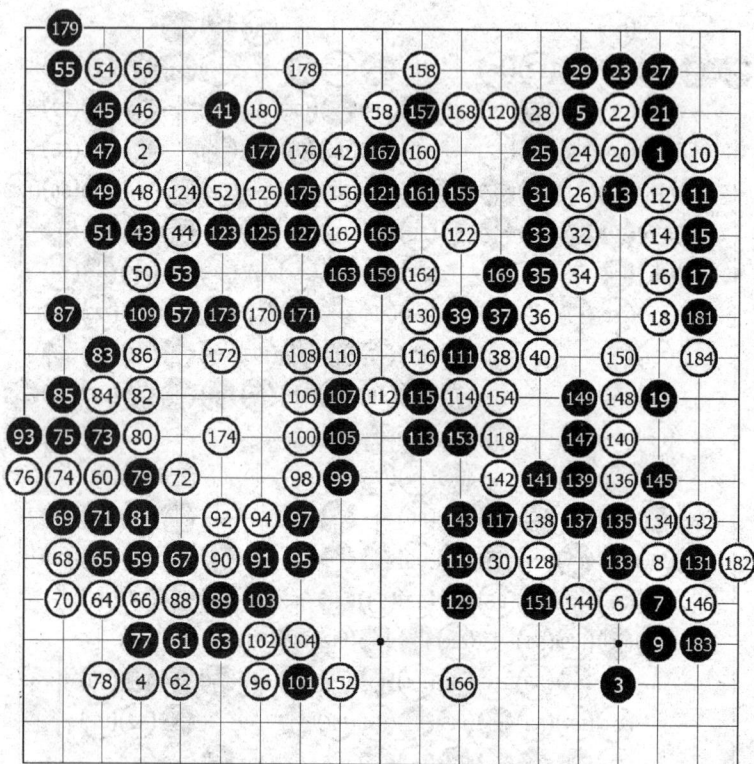

第十七届 LG 杯世界棋王赛决赛第二局

韩国 元晟溱九段 VS 中国 时越五段　共184手　白中盘胜

2013年2月20日弈于 韩国江原道太白市

"90后豹子辈"八位世界围棋冠军的决胜谱之

第七届应氏杯世界围棋锦标赛 冠军

范廷钰（1996年8月生，上海）

2013年3月6日第七届应氏杯世界围棋锦标赛决赛五番棋，范廷钰最终以3：1拿下围棋界分量最重的应氏杯冠军。根据中国棋院的奖励规定，段位等级从三段直接升为九段。

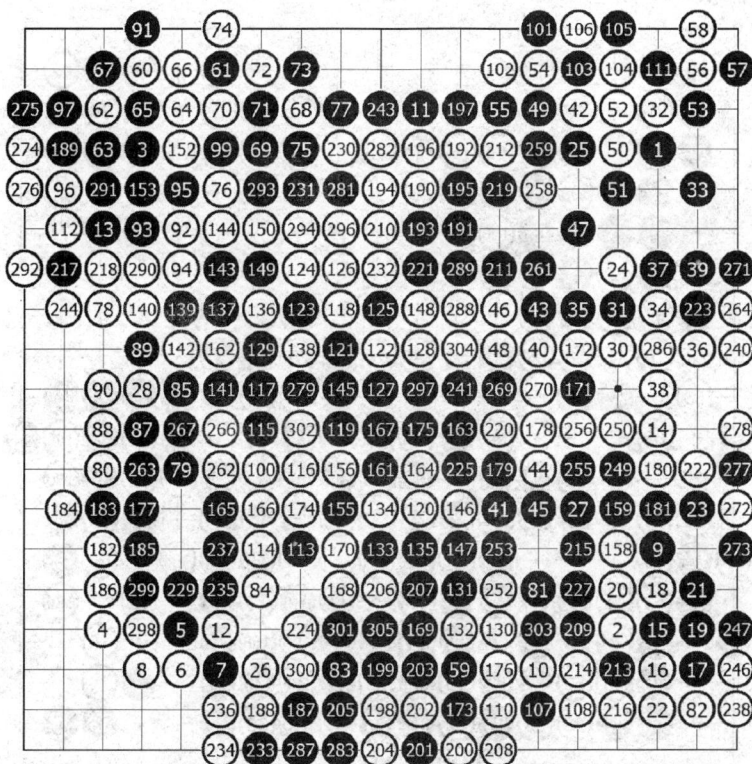

注：142、160＝86/154＝136/157＝151/162＝98/226＝155/228＝213/239、245、251、257、265、286＝29

242、248、254、260、268＝34/280＝123/284＝201/285＝272/295＝68

第七届应氏杯世界围棋锦标赛五番棋决赛第4局

中国 范廷钰三段 黑贴八点 VS 韩国 朴廷桓九段 共305手 黑胜五点

2013年3月6日弈于 上海应昌期围棋学校

"90 后豹子辈"八位世界围棋冠军的决胜谱之

首届梦百合杯世界围棋赛 冠军

芈昱廷（1996 年 1 月生，江苏徐州）

2013 年 12 月 6 日首届梦百合杯世界围棋赛决赛，芈昱廷以 3：1 的比分获得自己的第一个世界冠军。根据中国棋院的奖励规定，段位等级从三段直接升为九段。

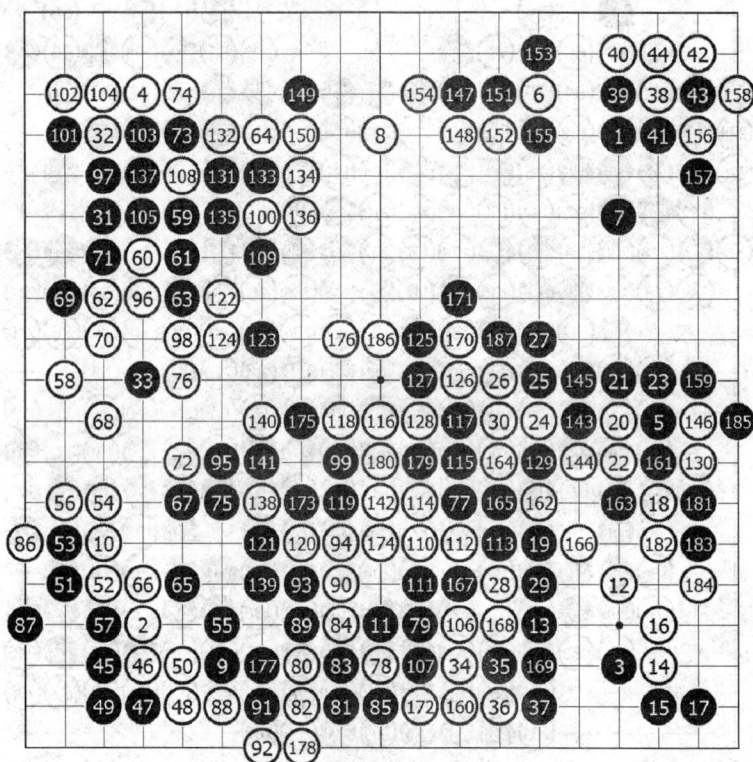

首届梦百合杯世界围棋赛决赛第四局

芈昱廷三段 VS 古力九段　共 187 手　黑中盘胜

2013 年 12 月 6 日弈于 江苏省如皋市

"90后豹子辈"八位世界围棋冠军的决胜谱之

第十八届三星车险杯世界围棋大师赛 冠军

唐韦星（1993年1月生，贵州贵阳）

2013年12月11日，第十八届三星杯世界围棋大师赛从预选赛打到三番棋决赛，唐韦星决赛中凭借出色的发挥以2:0击败对手获得冠军。根据中国棋院的奖励规定，段位等级从三段直接升为九段。

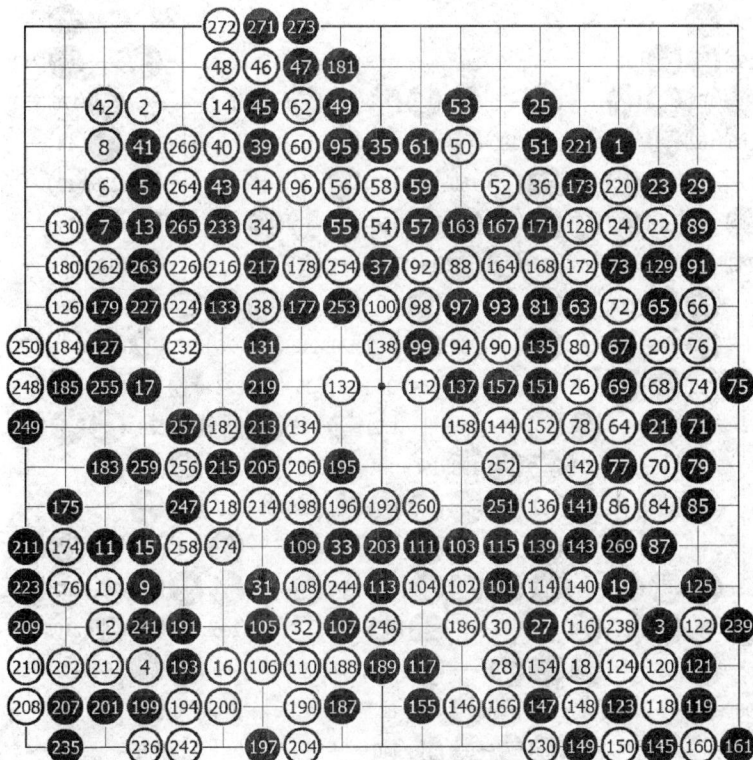

注：82、169＝72/83＝67/153、159、165＝123/156、162、261＝150/170＝69/222、228、234、240、245＝38/225、231、237、243＝217/229＝160/267＝99/268 94/270＝77

第十八届三星车险杯世界围棋大师赛决赛第二局

韩国 李世石九段 VS 中国 唐韦星三段 共274手 白中盘胜

2013年12月11日弈于 中国苏州

"90后豹子辈"八位世界围棋冠军的决胜谱之

第十八届 LG 杯世界围棋棋王战 冠军

柁嘉熹（1991 年 1 月生，黑龙江大庆）

2014 年 2 月 13 日，在第十八届 LG 杯世界围棋棋王战三番棋决胜局执白中盘击败对手，以 2：1 的比分夺得冠军。同时根据中国棋院的奖励规定，段位等级也从三段直接升为九段。

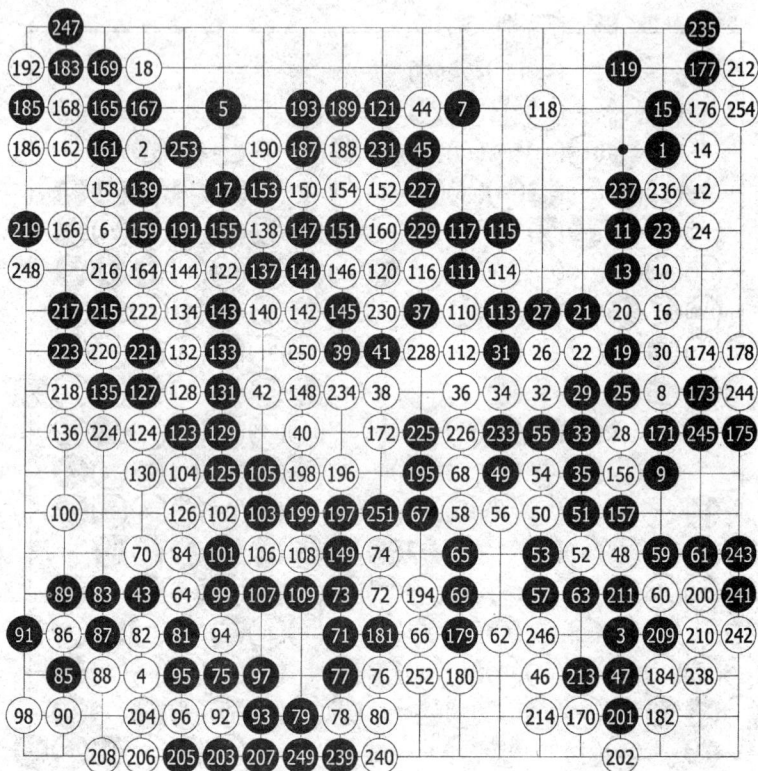

注：163＝138 ／ 232＝37

第十八届 LG 杯世界棋王赛决赛第三局

周睿羊九段 VS 柁嘉熹三段　共 254 手　白中盘胜

2014 年 2 月 13 日弈于 韩国首尔

"90后豹子辈"八位世界围棋冠军的决胜谱之

第二届百灵杯世界围棋公开赛 冠军

柯洁（1997年9月生，浙江丽水）

2015年1月14日，在第二届百灵杯世界围棋公开赛五番棋决赛中以3：2的比分战胜对手，首次打入世界大赛决赛即一战登顶，同时从四段直升九段。

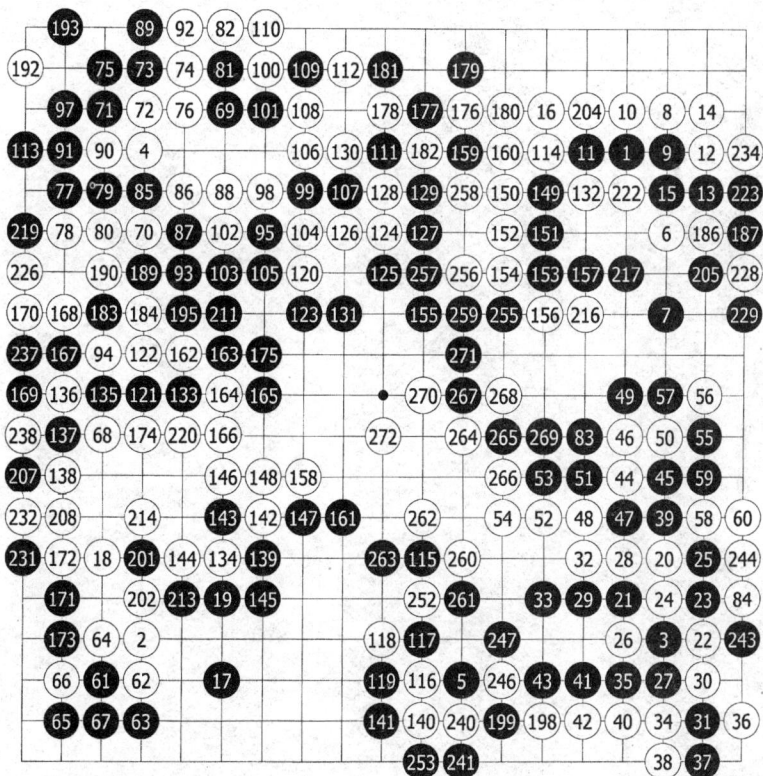

注：185、191、197、203、209、215、221、227、233、239、245、251＝111

188、200、206、212、218、224、230、236、242、248、254＝182

196＝183/225＝136/235＝228/249＝23/250＝25/

第二届百灵杯世界围棋公开赛

邱峻九段 VS 柯洁四段　共272手　白中盘胜

2015年1月14日弈于　广东珠海